明治図書

令和4年度版様式対応

高等学校

生徒指導要録の

書き方&所見文例集

JN041576

清田哲男 編著

## はじめに　　本書を手に取られたすべての皆さまへ

　本書は，高校生の学びや生活する姿をどのように捉え，指導要録に記録するかについて，たくさんの文例を基に，皆さまと一緒に考える本です。

　令和４年度から，高等学校では新しい学習指導要領に沿って，主体的・対話的で深い学びができるよう，学校生活全体で生徒を育むようになりました。しかし，多くの先生方が，「どのように指導要録を書けばいいのか」と悩まれていると思います。そのような先生方に，本書の文例の中に登場する多様な生徒の姿を見ていただき，「こんな風に生徒の学びの姿，生活する姿を見ればよいのか」とたくさんの方に感じていただこうと考えてつくりました。

　さて，本書では，「生徒指導要録」の「生徒指導」の部分を，「すべての生徒について，いろんな方向から光を当ててみて，キラッキラに輝く当て方を探っていくこと」だと考えました。ここでいう「光」とは先生をはじめ，すべての人からの「まなざし」です。いわゆる「生徒指導上問題がある」とされる言動の生徒でも，別の方向から光を当ててみる，つまり別の視点から見ると，自分を必要だと思ってほしい努力を一生懸命している行為であったりすることが見えてきます。その視点で生徒と話をすると，すごい笑顔で輝き，その輝きの照り返しで，その先生方が輝くのだと思います。

　ただし，先生の視線もいきなり生徒を輝かせることはありません。毎日の授業での学びの姿，ホームルームでの姿や，生活する姿を見つめるうちに，その生徒は少しずつ輝いていきます。本書では，先生が捉えた生徒の輝きを，どのように言葉として紡ぐのかという文例を，これまでたくさんの生徒を輝かせてきたベテランの先生と書かせていただきました。文例中の，ひとことひとことに，ご執筆の先生方の生徒への強い愛情と思いが込められています。

　本書を手に，生徒指導要録を執筆される先生方のお姿が，多くの生徒の輝きの照り返しでキラキラしておられるのを，日本中で見られることを楽しみにしております。

　2022年12月

清田　哲男

# もくじ

はじめに ………………………………………………………………………… 3

## 第1章

### 基礎からわかる！
# 生徒指導要録作成のための知識と心得

1 指導要録って何？ ─2種類の「記録」から考える ……………………… 10
2 なぜ指導要録の「改善」が必要なの？ …………………………………… 13
3 「習得」「活用」「探究」の視点から生徒の姿を見る ……………………… 21
4 「主体的・対話的で深い学び」の視点から生徒の姿を見る ……………… 22
5 「学びに向かう」視点から生徒の姿を見る ……………………………… 24

## 第2章

### 様式・項目別でわかる！
# 生徒指導要録記入のポイント全解説

様式1（学籍に関する記録） 表面の記入のポイント …………………… 28
様式1（学籍に関する記録） 裏面の記入のポイント …………………… 32
様式2（指導に関する記録） 表面の記入のポイント …………………… 34
様式2（指導に関する記録） 裏面の記入のポイント …………………… 40
通信制様式の記入のポイント ………………………………………………… 46

# 第3章
## 生徒の姿に応じた文が見つかる！
# 総合所見の記入文例

## 1　各教科・科目や総合的な探究の時間に関する文例

国語 ……………………………………………………………………… 52

地理　歴史／公民 ……………………………………………………… 54

数学 ……………………………………………………………………… 56

理科 ……………………………………………………………………… 58

保健体育 ………………………………………………………………… 60

芸術 ……………………………………………………………………… 61

外国語 …………………………………………………………………… 62

家庭 ……………………………………………………………………… 64

情報 ……………………………………………………………………… 65

総合的な探究の時間 …………………………………………………… 66

## 2　特別活動に関する文例

特別活動 ………………………………………………………………… 68

## 3　行動に関する文例

生活態度・健康管理 …………………………………………………… 70

自主・自律 ……………………………………………………………… 72

責任感 …………………………………………………………………… 74

意志の強さ ……………………………………………………………… 76

明朗・快活 ……………………………………………………………… 78

真面目・誠実 …………………………………………………………… 80

思いやり・優しさ ……………………………………………………… 82

温厚・温和 ……………………………………………… 84

協調性・協力 …………………………………………… 86

勤勉・努力 ……………………………………………… 88

積極性 …………………………………………………… 90

創意工夫 ………………………………………………… 92

勤労・奉仕 ……………………………………………… 94

正義感 …………………………………………………… 96

指導力 …………………………………………………… 98

人望 ……………………………………………………… 100

**4　進路指導に関する文例**

1年 ……………………………………………………… 102

2年 ……………………………………………………… 104

3年（進学）…………………………………………… 106

3年（就職）…………………………………………… 107

**5　取得資格に関する文例**

取得資格 ………………………………………………… 108

**6　生徒が就職している場合の事業所に関する文例**

事業所 …………………………………………………… 109

**7　生徒の特徴・特技，部活動などに関する文例**

特徴・特技 ……………………………………………… 110

部活動 …………………………………………………… 112

ボランティア活動 ……………………………………… 114

表彰 ……………………………………………………… 115

成績優秀 ………………………………………………… 116

学外の活動・留学 ……………………………………………………………… 117

## 8　生徒の成長の状況に関する文例

学習に困難がある生徒 …………………………………………………… 118

行動に困難がある生徒 …………………………………………………… 120

対人関係に困難がある生徒 ……………………………………………… 122

不登校の生徒 ………………………………………………………………… 124

外国籍の生徒 ………………………………………………………………… 126

## 9　通信制における文例

通信制 ………………………………………………………………………… 127

### 付録

# マイナス▶プラス言い換え用語集・文例集

用語集の活用にあたって …………………………………………………… 130

　1　基本となる視点 ……………………………………………………… 130

　2　高校生の発達と課題 ………………………………………………… 131

　3　行動・性格の特性に関する理解 …………………………………… 134

【行動・性格特性別】マイナス▶プラス言い換え用語集 ……………… 137

プラス用語を使用した文例集 ……………………………………………… 141

執筆者一覧 …………………………………………………………………… 143

基礎からわかる！

# 生徒指導要録
# 作成のための
# 知識と心得

第**1**章

# 1. 指導要録って何？ ―2種類の「記録」から考える

　令和4年度から，新しい高等学校の学習指導要領による教育活動がスタートします。今までと何が違うのでしょうか。簡単に述べますと，**「生徒が知っていること，できることに合わせて教えてくださいね」**，そして，**「生徒が学んだことを使って，こんなことしてみたい，次はこんなこと学んでみたいと考えるように指導してくださいね」**ということです。そうすることによって，自分から「こんな風にもっと勉強してみたい」，「こんな人になれそう」と学びが深まり，広がるという考え方に基づいています。そのためには，まず，すべての生徒がどんなことを知っていて，どんなことができるのかを，生徒に関わるすべての先生方が理解する必要があります。実は，そのために指導要録が準備されていると考えて下さい。

　「えっ，指導要録ってそういうものとは違うでしょう，何言ってるの，もう！」とお叱りを受けそうですが，でも本当なのです。実際，私の周りの多くの先生方は，指導要録の目的を「保存するため」のものと認識しておられます。しかし，指導要録の目的は学校での生徒の活動を**「記録するため」**のものなのです。

　では，なぜそのような誤解を生んでしまったのでしょう。その原因は，学校教育法施行規則第28条の2項に「五年間保存しなければならない」，中でも「学籍に関する記録については，その保存期間は，二十年間」と書かれていることが大きいと私は勝手に考えています。そして，この「五年」，「二十年」という数字だけが，教員採用試験で「出題されるポイント」として，先生方の頭の中にかなり強いインパクトで刷り込まれているためではないかとお察しします。

　ここで，考えてみましょう。なぜ保存しなければならないのでしょうか。簡単ですね。その期間において，大切なものだからです。留意すべきは，5年，20年の2種類の異なる長い期間において，要録が**「誰にとって」**大切であるかです。「誰」を考えることで，「保存」しようとしている期間を変える

意味，そして指導要録に書かれるはずの内容もわかるかもしれません。

　では，先に指導要録で何を「保存」しなければならないのかを確認してみましょう。指導要録の書式を見ると，大きく2種類の内容を「記録」するようになっています。一つが20年間保存する**「学籍に関する記録」**で，もう一つが5年間保存する**「指導に関する記録」**です。

## ①生徒が本校で生きた証「学籍に関する記録」

　まず，20年間保存する「学籍に関する記録」から考えていきましょう。文部科学省が示している指導要録（参考様式）によれば，以下の内容を書くように示されています（第2章で詳しく示します）。

> (1) 学年・ホームルーム・整理番号
> (2) 学籍の記録（生徒の氏名・生年月日・現住所・性別，保護者等の氏名，入学・編入学の記録，転入学の記録，転学・退学の記録，留学等の記録，卒業の記録，入学前の経歴，進学先・就職先等の記録）
> (3) 学校名及び所在地
> (4) 校長氏名印・ホームルーム担任者氏名印

　以上の内容からは，記録者であるホームルーム担任の主観の入りようがなく，客観的な事実のみを記録するようになっています。別の書き方をすれば，機械的に記載することができる内容と言ってもよいかもしれません（最近は，性別の表記等については，「機械的に」書くわけにはいかないかもしれません）。

　では，この「記録」は20年間「保存」しなければなりませんが，誰にとって大切なものでしょうか。保存期間の長さから少し考えましょう。20年は長いです。校長先生の任期をはるかに凌ぐでしょう。と考えれば校長先生にとって大切なものとは考えにくいですね。では，担任なら……と考えていくと……おわかりですね。20年間，前述の枠内の記録する内容を保存するのは

「生徒自身とそのご家族にとって」とても大切だからです。

　なぜ，大切なのでしょうか。それは，この生徒が教科学習だけでなく，運動会や文化祭，課外活動，部活動を通じて多くのことを学びましたと国が証明するものだからです。仮に18歳で高校を卒業されたとして20年後には38歳です。この年までに，就職や，結婚や独立など，多くの人生の岐路に立つことも多いと思います。その時に，小学校からの学歴が必要な場合は少なくありません。例えば，就職する際に，履歴書を書きます。多くの履歴書には学歴を記載する欄もあります。その欄に書かれていることを誰が保証してくれるでしょうか。その存在が指導要録で，記載を保証するものでもあります。「大丈夫。だって，卒業証書があるもん」と思っている方もおられると思いますが，卒業証書や，卒業証明書は指導要録の抄本ですので，指導要録の存在はその後の人生にとって，とても大きな意味があります。

## ②チームで生徒を育むための「指導に関する記録」

　では，もう一つの5年間保存する「指導に関する記録」はどうでしょうか。中学校の在籍期間は3年です。そして高等学校の在籍期間は最短で3年，全日制では最長3年，定時制では8年まで在籍が可能です。おおよそ，この5年は中学校，あるいは高校の在籍前後で使用することを前提としていることがわかります。ということは，記録されている「指導に関する」内容は，本人の在籍に関わるすべての人にとって大切なものである可能性が高いです。

　しかし，よく考えてみると，指導した内容が，本人やご家族，担任団の先生，教科ご担当の先生にとって大切であることは当たり前のことです。ただし，大切であるにも関わらず保存しただけでは，意味がありません。指導した記録を**「活用するために」**紛失しないよう大切に保存するのです。つまり，「指導に関する記録」の目的は，**「活用」**であって，「保存」ではないのです。

　ちなみに，文部科学省が示している指導要録（参考様式）によれば，「活用」すべき「指導に関する記録」は，以下の内容を書くように示されています（こちらも第2章で詳しく示します）。

(1) 生徒氏名，学校名，ホームルーム，整理番号
(2) 各教科・科目等の学習の記録（観点別学習状況・評定・修得単位数）
(3) 総合的な探究の時間の記録
(4) 特別活動の記録
(5) 総合所見及び指導上参考となる諸事項
(6) 出欠の記録

## 2. なぜ指導要録の「改善」が必要なの？

　このように，指導要録については，多くの先生方が「保存」を目的だと「誤解」されていると感じています。そのため，「どうせ，誰も見ないのだから，何を書いても同じじゃないの」とか，「時間の無駄じゃないの」などとお考えになるのも無理はありません。だって，「誤解」しているのですから。せっかく長い時間をかけて書いた後，誰の目にも触れずに，指導に関する事項は5年，学籍に関する事項は20年保管するのであれば，その価値もあまり感じませんし，苦労も報われない感じがします。この誤解について，実は文部科学省の皆さんも心配されていたってご存じでしょうか。

　平成31年3月29日付で「小学校，中学校，高等学校及び特別支援学校等における児童生徒の学習評価及び指導要録の改善等について」という通知が文部科学省初等中等教育局長から出されました。通知の標題からも「学習評価」や「指導要録」を**「改善」**しなきゃならないですよ，ということが書かれていることはわかります。ましてや「改善」ということは，現在の状況がよくないからだということもわかります。私は，この「よくない状況」は先生方の悪意ではなく，「誤解」が原因だからだと思います。

　では，文部科学省は，現在の状況の何が問題で，何が課題だと言っているのでしょうか。通知の内容を一緒に読んでみましょう。

　通知では，新学習指導要領で重視している「主体的・対話的で深い学び」

の視点からの授業改善に向けて，教育委員会を含む組織的に適切な取り組みがされていますよと褒めてくださっている一方で，5つの点についてよくない状況が書かれています。一つ一つ見てみましょう。

### ①成績をつけることが教育の目的になっていないでしょうか

5つある通知の中で，最初の課題を以下のように述べています。

> 学期末や学年末などの事後での評価に終始してしまうことが多く，評価の結果が児童生徒の具体的な学習改善につながっていない。

例えば，生徒に対して「あなたの成績評価は3段階でCです」という評価をしたとします。ついつい，成績表や通知表，指導要録に「C」と書けば，その生徒の成績が決まり，何となくですが仕事が終わったかのように感じます。でも，保護者や本人からしてみたら，「Cの成績だってわかっているのだったら，それを何とかAにしてくださいとまでは言いませんから，せめてBくらいにするのがあなたの仕事でしょう」と思ってしまうのが人情というもの。それは，保護者や生徒のムチャぶりではなく，その生徒が今何を理解できて，何を理解できないのかをよく考えて，学びの支援をしなさいというのも教育の一つの考え方でしょう。一般的にこれは**経験主義教育，生徒中心主義教育**と呼ばれたりします。つまり，前のテストや成績，生徒の学習の姿から，その生徒に沿った学習方法の支援や方法を考えてくださいね。そのために，指導要録も活用してね。というメッセージだと思います。

### ■ 生徒の姿を見るポイント①

成績をつける時に，これからの指導のために生徒の姿を把握するためでもあるということを意識しましょう。

14

## ②生徒の性格と「関心・意欲・態度」を混同していないでしょうか

2つ目の課題を以下のように述べています。

> 現行の「関心・意欲・態度」の観点について，挙手の回数や毎時間ノートをとっているかなど，性格や行動面の傾向が一時的に表出された場面を捉える評価であるような誤解が払拭しきれていない。

ついつい，自分の授業で生徒がノートにいっぱい記述していると，なんだか自分の授業をわかってくれている，好きになってくれているみたいでうれしくなってしまいますね。もちろん，その先生の教え方や人柄で，生徒の「学びたい！」という思いが高まることもありますし，その指導力は高く評価されるべきでしょう。ただ，場合によっては，単に几帳面な性格が出ているだけかもしれませんし，もしかしたら生徒は，「この先生，何か書いて提出しておけば，いい成績をつけてくれるし」などと考えているのかもしれません。ノートを丁寧にまとめるのは，学習技術の一つであって，この生徒が，本当に教科や単元の面白さに気付いているのか，学びたいという意欲によるものかを計るには根拠が薄いということでしょう。

一方で，あなたの授業の前に親友と喧嘩して，授業の内容どころではない生徒もいるかもしれません。もしかしたら，ふてくされた顔でその場にいることが精一杯で，ノートをとれる心境ではないかもしれません。多感な思春期の時期です。本書をお読みになっている先生方も，そのような思い出の一つや二つあるのではないでしょうか。それでも，先生の顔や，自分の成績のことが思い浮かんで，何とか授業に入っている場合に，関心・意欲・態度が低いと言い切れるでしょうか。むしろ，そんな気持ちの中でよく授業にきてくれたなぁと私は感じてしまいます。

### ■ 生徒の姿を見るポイント②

学習への姿勢と，生徒の性格やその時の心の内面の動きとの両面から生徒

の学びの姿を見つめましょう。

### ③複数の人の視点で生徒を見つめて評価することは可能でしょうか

　しかし，「生徒の姿を見るポイント②」のようなことを言い出したら，評価ができないと言われる方は多いです。その通りです。いつもふてくされた顔をして授業に入っている生徒に対して「いやな思いをしていても頑張っている」と感じる先生もいれば，「ただ座っているだけでいいと思っている」と感じる先生もいます。そのことは，通知の中でも３つ目の課題として以下のように示されています。

> 教師によって評価の方針が異なり，学習改善につなげにくい

　この課題の問題点は，「教師によって評価の方針が異なり」のところではなく，「学習改善につなげにくい」のほうです。先ほどもお書きしたように，「教師によって評価の方針が異な」ってもよいのです。これからの生徒の人生は，多くの人の目で育てられていくのですから。問題は，だからと言って学習改善につなげ「られない」と決めつけてしまうところです。**あくまで学習改善につなげ「にくい」のであって，つなげられないのではない**のです。「そんなことわかってますよ。でも，忙しくて，イチイチ他の先生の意見を聞きながら指導はできないよ」という声が聞こえてきそうです。だからこそ，要録に，先生方お一人，お一人で，その生徒の多様な面を，多様な視点でどのように感じるのかを互いに書き合いっこすれば，他の先生がその生徒をどんなふうに見ているかわかるよね，そのためのツールとして要録を活用してほしいよね，ということかもしれません。

　一方で，このような意見もあります。一人の生徒に対して，いろんな人が，いろんな見方をすれば，評価がブレるというものです。その通りです。キチンと評価しようと思えば，一人の先生の指針で評価しないとブレます。しかし，学校ではブレない評価をすることが目的かどうかは意見が分かれるとこ

ろです。なぜ分かれるのでしょうか。その評価の指針や規準が**「一人の先生」の思考を基にしている**ためです。

　先生も人間ですから，「思い込み」というのがあります。別の言い方をすると，思考や認知の偏りです。これを難しい言葉で**心理的バイアス**と言います。世の中に先入観や思い込みなしで生きている人はいないと言い切ってもいいと思います。「私は思い込みで生徒を見たりしていません」というのも思い込みの一つであることを忘れてはならないのでしょう。思い込みはよくないと言われますが，誰だって思い込まないと生きていけません。例えば，自分の家のドアの前に立って，鍵を開けて入ろうとする時に，「もしかしたら，ドアの向こうに殺人犯が待っているかもしれない」，「もしかしたら，ドアを開けたらそれがスイッチになって爆発するかもしれない」という可能性はゼロではありません。しかし，ドアを開けたら，そこには，大好きな家族が「お帰り！」と言って迎えてくれるに違いないという思い込みがあるからこそ，安心してドアが開けられるのですから。

　だからといって，私の成績が先生の心理的バイアスがかかってしまうのは仕方がありませんという理屈は，生徒にはなかなか受け入れてもらえないでしょう。この先生のバイアスによって判断したことがあなたの評価ですよ，と言われた生徒は，「そうですよね，そりゃ仕方ないね」とはならないことくらいはおわかりになると思います。

　悪い言い方をすれば，一人の生徒に対する**「できるだけたくさんの思い込みのまなざし」**が，誰しもが納得できる評価に近づくのかもしれないのです。

### ■ 生徒の姿を見るポイント③

　一人の先生だけでなく，多くの人と視点で捉えた生徒の姿から，これからの関わり方，支援を考えましょう。

### ④先生の視線はどこへ向けるべきでしょうか

　とは言うものの，授業中に，バイアスができるだけかからない目で生徒を

見つめて評価して，記録しておきましょうと言われても，そんな時間を授業中にとることはなかなか難しいのが現状です。クラス経営に関わる事務や，行事の準備，課外活動での生徒の要求，様々な日常生活でのトラブルの対応……。そのことも，通知の中で4つ目の課題として示していました。

「座学で，板書して授業するだけで精一杯なのに……実技科目だったらできるんじゃないの？」とよく言われます。確かにその通りで，実技科目だと生徒の活動の姿を見る時間があるからです。だったら，実技科目以外の科目でもその時間をしっかり作れるような授業を考えてくださいということになってしまいます。そのために，働き方改革などで，本来生徒の学習活動の支援にかける時間を確保するために業務改善をするように求められていますし，チームティーチング（TT）などのシステムを活用しなさいとも言われています。実際にできるかどうかは別として。

そして，令和4年度施行の学習指導要領に示されたのは，生徒が何を学びたいかを，生徒の学習活動の姿から捉え，生徒にあった学習活動を考えてくださいということでした。つまり，もっと生徒の姿から多様に評価する時間を確保する授業の方法を，探究学習やアクティブラーニングをする中で考えてくださいねということです。実際にできるかどうかは別として。

余談になるかもしれませんが，生徒と向かい合うことが大切とよく耳にします。その通りだと思います。ただし，向かい合う前に，**その生徒がどこを見ているのか，何を見ているのか，めざしているのか**を知ることが前提だと思います。もちろん，生徒の頭の中を見るわけにはいきません。では，どうするのか。生徒の見ているものを見れば，少なくとも生徒の考えの一端は共有できると思います。授業中，生徒の目の位置に合わせて見た黒板や教室の風景を見れば，もしかしたら，その生徒が視覚で感じたことを共有できるかもしれません。生徒の学びの理解は，そのような先生の関わりの工夫の連続

によるものだと思います。

　生徒の見ているもの，考えていることを一緒に見たり考えたりできる授業を作っていきましょう。

**⑤複数の視点と複数の時間から指導要録の生徒の姿は記録されています**

　さて，通知の最後の課題です。

> 相当な労力をかけて記述した指導要録が，次の学年や学校段階において十分に活用されていない

　もう，皆さんは，通知では何が問題だと言おうとしているのか，おわかりになると思います。そうですね。前年の担任団の書かれた要録や，中学校から上がってくる要録を見ることの意味を考えてほしいということです。「私は生徒を先入観で見たくない」から見ないという先生もおられます。それも生徒を見る一つの視点です。しかし，この視点は，別の言い方をすれば，「この生徒を，これまでご担当された先生方の思い込みで見た姿で見るのではなく，私の思い込みだけで見ようと思います」という宣言でもあることを忘れてはいけないのではないかと思います。

　そして，もう一つ，大きな意味があります。

　それは，**時間による生徒の学びへの姿の変容を捉える**ということです。今の生徒の姿は，これまでどのような姿からの変容であったのかはとても重要です。例えば，授業中，AさんとBさんの2人の生徒が同じように下を向いたまま全く頭を上げないという状況があったとしましょう。Aさんは，中学校では，授業中先生に対して質問をする生徒，Bさんは，中学校では，休みがちで長期間欠席が続くような生徒であったとします。この過去の状況を知っているだけでも支援の方法は異なることは容易に想像がつきます。時間の

流れから生徒の成長や変容を捉え，これからの学習活動にどのように支援できるかを考えるためにも，指導の記録の共有が必要なのです。

■ 生徒の姿を見るポイント⑤ ■

　過去の先生方の様々な関わり方を知ることで，これまでとこれからの生徒の姿をイメージしてみましょう。

## ⑥課題に対する文部科学省からの提案

　この通知では，これから，評価や要録について，３つの提案をしています。

> １．児童生徒の学習改善につながるものにしていくこと
> ２．教師の指導改善につながるものにしていくこと
> ３．これまで慣行として行われてきたことでも，必要性・妥当性が認められないものは見直していくこと

「学習改善」と何の前提もなく書かれています。つまり，先生方がよいと思われる生徒も，よろしくないと思われる生徒も，すべてが「改善」できるように何ができるかを考えてくださいと言っています。つまり，どんなに成績がよく，あなたの授業に積極的に関わろうとする生徒であっても「改善」すること自体が大切だということです。これは「教師の指導改善」も同じです。どんなに素晴らしい教育実践をされている先生方であろうとも，「改善」してくださいね，ということであり，そのために，指導要録を活用してくださいね，ということでもあります。

　大切なことは，**改善することの主語は，生徒であっても教師であっても，自分自身である**ということだと思います。

　一つの例として，行列のできる，昔からおいしいと言われるラーメン屋さんがあったとします。このお店は，最高のラーメンを作り続けるために，そして伝統の味を守り続けるために，同じ調理法を継続しているわけではない

と思います。入ってくる水も，材料も，調理器具も刻々と変化する中で，守り続けるために，調理法を変え続けることが大切になります。この変化に対応することこそが学習の成果の表れだと思います。

　もちろん，生徒の皆さんのこれからの人生が成功するとは限りません。失敗したと感じることあるでしょう。成功しようが失敗しようが，「成功です」「失敗です」と決めてしまってそこで終わってしまうのは，成績を出してそれで終わりということと同じことになります。**常に生徒の立場，先生の立場で，学び方を改善し続けること**が大切なのです。

━━ 生徒の姿を見るポイント⑥ ━━━━━━━━━━━━━━━━
　先生方の生徒への視点，支援の仕方を変え続けながら，生徒の姿の変化を見つめていきましょう。

## 3. 「習得」「活用」「探究」の視点から生徒の姿を見る

　高等学校で令和４年度から施行される学習指導要領では，実際の社会や生活で生きて働く「知識及び技能」を『習得』し，未知の状況でも対応できる「思考力・判断力・表現力等」を『活用』し，学んだことを人生や社会に生かそうとする「学びに向かう力，人間性等」を用いて『探究』するという三つの柱からなる「資質・能力」を総合的にバランスよく育んでいくことをめざしています。

　生徒の学びの姿といっても，主に習得しようとしているのか，活用しようとしているのか，探究しようとしているのかによって，その学びの姿は少し異なりますし，そのための支援の在り方も異なります。しかし，知識や技能を習得しなければ，活用して思考したり，判断したり，まとめ上げて表現することはできませんし，思考，判断，表現できなければ，知識や技能を知恵に変えて人生や社会で探究はできないでしょう。つまり，生徒の中で，習得，活用，探究が密接に関係しあっており，はっきりくっきりと分かれているわけではないということです。

例えば，総合的な探究の時間で，地域の地図から，様々な情報を見取り，今，この町で何ができるかを考える授業をしたとしましょう。その時，地図を見るためには，小学校で学んだ等高線，中学校で学んだ扇状地，天井川など地形の特徴の知識だけでなく，川の蛇行の状況から，自然災害の状況や過去の輸送による産業の発達をイメージするために地形と産業の関わりなどを知識として新たに習得しなければなりません。これらの自然災害と産業の知識と地形の認識から判断することで，この町でかつてどのような産業が可能であったのかを思考したり，推論を立てたりできます。一旦，推論を立てれば，現実の過去の産業はどのような状況であったのか知りたくなり，Webサイトや市史などで調べるでしょう。このように習得と活用は繰り返されます。あるいは，そこから，地域社会への関与の在り方や，未来の産業について自身がどのように考えるべきか，他の地域の産業，地質の状況など，多様に知りたい，考えたいことが広がります。それが探究への意欲です。

## 4. 「主体的・対話的で深い学び」の視点から生徒の姿を見る

　一方，それらの姿を，「主体的・対話的で深い学び」の視点で見ることも求められています。これは，同じ活動を「主体的な学び」への視点，「対話的な学び」への視点，「深い学び」への視点で見ると，その生徒の学びが多様になされることがわかりますよということです。ただし，学習活動での対話も深い学びも，その生徒の「したい！　やってみたい！」が前提ですし，学びの深まりは，自分の力だけでなく，友達や先生，先人たちと，直接あるいは書物を通して対話しながらなされます。つまり，「主体的な学び」「対話的な学び」「深い学び」は別々の学びでなく，一人の生徒の，今学んでいる姿（もちろん一人の学びです）を3つの学びの視点から見てみようという風に考えてみてください。

### ①主体的・対話的な学びへの視点で生徒を見てみましょう

　先ほどの地図の学習活動で，どのような生徒の学びの姿を見ることができそうでしょうか。

　まず，生徒は地図から何を探そうとするでしょうか。自分の家の場所かもしれませんし，お友達の家かもしれません。学校の場所かもしれませんし，通学路をたどる生徒もいるでしょう。その時，友達とは地図の使い方や，見方が異なることに気が付きます。実際にグループあるいはチームでの活動では，先生からの指導に加えて，互いの地図への見方を会話することで共有をします。そうすると，要録に記述する学びの姿としては

> 友達や，教員の地図の見方を取り入れて，地図から新しい情報を見いだす方法を作り出そうとした。

という感じになるでしょうか。新しい情報を地図から見いだせたかどうかは別として，見る方法を見いだそうとしたこと自体を評価しています。この場合，地図の見方は一つの技能ですので，友達との対話から**「知識・技能」を主体的に習得「しようとした」**学びともとれます。

### ②深い学びへの視点で生徒を見てみましょう

　深い学びの定義は，先生方お一人お一人の考え方や，それぞれの教科の面白さによって異なります。ただし，一般的に，先人の知恵（教科書に記載された知識）や友達の意見（対話的な学び）を活用して，新しい問いを作り，その問いに対しての回答を追究することだと言われています。これを**課題発見・解決型学習**と呼んだりします。この学びの在り方を，総合的な探究の時間だけでなく，教科の中でも探究できる授業をめざしてくださいとも言われています。

　先ほどの地図の授業から，生徒の対話的で深い学びへの視点で，思考・判断・表現や学びに向かう姿を見ると

> 地形や，過去の資料から，○○時代からの生活を推論し，現代の産業ま
> での変遷の整理から10年後どのような産業，生活になるのかを考えよう
> とした。

という感じになるのかもしれません。このように，52ページからの教科学習
の文例では，生徒の学びの姿を見る視点を明確にして示しています。

### ③なかなか学びに向かえない生徒もいますね

　もちろん，生徒の中には，話し合いには参加しますが，自分の問いや課題
を作ることができない者もいます。自分の問いや課題に向かおうとしても向
かえない生徒もいますし，最初から自分の課題を作るつもりもない生徒もい
ます。しかし，彼らは，自分の課題を作りたくないと思っているわけではな
く，ただ単に友達とのおしゃべりが楽しくなってしまっただけの場合もあり
ます。そのような時は，本書の文例として下記のように紹介しています。

[知識・技能] 自ら課題を見いだせなかった生徒
　常に共感的な姿勢で友人やチームメイトの疑問や問いに耳を傾け，意見や思いを
　受容しながら，自身の課題へと向かおうとした。

[思考・判断・表現] 授業中，仲間と一緒に思考しようとしない生徒
　チームで課題の達成方法を思考する際，現在考えるべき課題を，異なる視点や方
　法を推測し，仲間に投げかけ議論を活性化させようとした。

## 5. 「学びに向かう」視点から生徒の姿を見る

　生徒は，各教科や総合的な探究の時間だけでなく，日常生活でも「学びに
向かう力，人間性」で，自身の将来や社会に生かすために学んでいます。そ
の学びを見ることも大切なことです。行政によって項目は異なるかもしれま

せんが，本書では70ページから「生活態度・健康管理／自主・自律／責任感／意志の強さ／明朗・快活／真面目・誠実／思いやり・優しさ／温厚・温和／協調性・協力／勤勉・努力／積極性／創意工夫／勤労・奉仕／正義感／指導力／人望」についての記載例について触れています。

　まず，忘れてはいけないのが，**すべての経験は，今後の人生のための学びである**ということです。状況や場合によって異なると思いますが，生徒の行為はすべて，常に人として必要な資質・能力に向けての学びの対象だと思います。これからのよりよい人生のために，先生方から注意を受けたことも含めて何を学んでいるのかを考えることが大切です。暴力などの法律に抵触する行為を除いて，すべての行為は学びに向かっていると考えるということです。

　一つの視点から見て課題があると感じていても，別の視点から見れば，大きな成長，学習をしていると捉え，指導要録に記録します。その別の視点が先生方によって異なるのであれば，多様に見た行動からの学びを書くことができたと考えることもできるでしょう。

　性格を考える時に，優柔不断であると述べるとネガティブなイメージが付きますが，思慮深いと捉えるとポジティブに，そして，周りから好意的に見られます。短気である人も，感情豊か，あるいは決断が早い人とすれば，リーダーとしての素養も感じます。このように，視点を変えることで，よりよい人生への学びを行っていると生徒に促すことができるでしょう。

　具体的な例でもう少し考えてみましょう。授業中，大きな声をあげて，授業の流れを止めるような生徒がいたとします。自分が授業内容を理解できないため，退屈であることが原因であったのかもしれません。だからといって，他者も同じように退屈であるとは限りませんから，大声を出して，授業を止めることは許されないことでしょう。

　しかし，自主・自律という面から見た場合どうでしょうか。かなりの自己顕示を行っています。自分の存在を「タイミング悪く」主張しているのであれば，主張の方法や，場所を考えることを指導すれば，この大声を大きな学

びに変えることができるかもしれません。

　もちろん，大声を出すことで周囲の生徒や先生からの蔑視の視線を集めることもわかっていると思います。その意味では，他者の目を気にせず，自己決定したことをやり遂げることができる精神的な強さを培っていると言えるのかもしれません。そのように捉えると，この力に他者の迷惑など，気遣いを考慮する要素を加えることで，社会にとって，大きな存在になれる可能性を秘めていると言えるでしょう。そのことを理解できるようになることが指導であるのならば，「大声を出してはいけない」と大勢の前で叱るだけではなく，その強さを生かす方法を生徒に気付かせる指導ができると考えれば，生徒指導上での困りごとが一気に輝く姿のように感じられます。

### ■■■ 生徒の姿を見るポイント⑦ ■■■■■■■

　すべての生徒の経験は，これからの人生や社会生活に向けた学びであると考えて，今，何を学んでいるのかを考えましょう。

　普段の生徒指導で，厳しい言葉で，ご指導されている先生方もおられます。本当にその生徒の未来を心から大切にしておられるからの言葉です。本当はそのことは生徒のみなさんもわかっておられます。しかし，先生方は「嫌われているんだろうな」，「疎まれているんだろうな」と考えてしまいます。それが，普通の人間だと思います。どんなに厳しいご指導をされても，指導要録で，「本当はこんな風に君たちの素晴らしい姿を見ていたんだよ」と思って書けると，私の経験ですが，救われたような気になりました。だから，生徒指導要録で生徒を輝かせて，先生方も幸せになりましょう！

様式・項目別でわかる！

# 生徒指導要録 記入のポイント 全解説

第**2**章

# 様式1（学籍に関する記録）
# 表面の記入のポイント

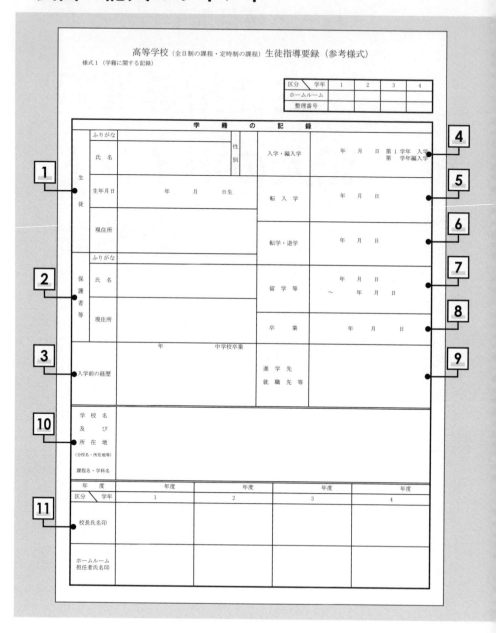

様式1（学籍に関する記録）

高等学校（全日制の課程・定時制の課程）生徒指導要録（参考様式）

| 区分　学年 | 1 | 2 | 3 | 4 |
|---|---|---|---|---|
| ホームルーム | | | | |
| 整理番号 | | | | |

## 学籍の記録

| | | |
|---|---|---|
| **1** 生徒 | ふりがな／氏名　性別 | **4** 入学・編入学　年　月　日　第1学年　入学／第　学年編入学 |
| | 生年月日　年　月　日生 | **5** 転入学　年　月　日 |
| | 現住所 | **6** 転学・退学　年　月　日 |
| **2** 保護者等 | ふりがな／氏名 | **7** 留学等　年　月　日　～　年　月　日 |
| | 現住所 | **8** 卒業　年　月　日 |
| **3** 入学前の経歴 | 年　　　中学校卒業 | **9** 進学先／就職先等 |

| **10** 学校名及び所在地（分校名・所在地等）課程名・学科名 | |
|---|---|

| 年度 | 年度 | 年度 | 年度 | 年度 |
|---|---|---|---|---|
| 区分　学年 | 1 | 2 | 3 | 4 |
| **11** 校長氏名印 | | | | |
| ホームルーム担任者氏名印 | | | | |

# 1. 生徒

## ①氏名

中学校から送付された生徒指導要録の抄本又は写しの記載，「住民基本台帳」の記載に基づいて記入します。

## ②性別

中学校から送付された生徒指導要録の抄本又は写しの記載，「住民基本台帳」の記載に基づいて記入します。

## ③生年月日

中学校から送付された生徒指導要録の抄本又は写しの記載，「住民基本台帳」の記載に基づいて記入します。

## ④現住所

都道府県名から記入しますが，指定都市に居住する生徒については，都道府県名は省略可能です。

# 2. 保護者等

## ①氏名

親権を行う者の名前を記入します。親権を行う者がいない場合は「後見人」を，入学時，成人に達している生徒の場合は「保証人」を記入します。

## ②現住所

都道府県名から記入しますが，指定都市に居住する保護者については，都道府県名は省略可能です。ただし，生徒と現住所が同一の場合は「生徒の欄に同じ」と略記することができます。

# 3. 入学前の経歴

高等学校に入学するまでの教育関係（卒業中学，海外で受けた教育等）の略歴を記入します。例えば，「令和〇〇年〇〇市立〇〇中学校卒業」のように記入します。

## 4. 入学・編入学

　校長が入学を許可した年月日を記入します。在外教育施設や外国の学校等から編入学した場合，又は過去に高等学校に在学していた者等が入学した場合については，その年月日，学年等を記入します。

## 5. 転入学

　他の高等学校から転入学した生徒について，その年月日，学年，前に在学していた学校名，所在地，課程名，学科名等を記入します。

　同じ高等学校において，異なる課程から転籍又は異なる学科から転科した場合でも，転入学の場合に準じて記入します。なお，単位制による課程の場合においては，「（在学すべき期間令和○年　○月○日まで）」を加え，当該生徒にかかる校長が定めた在学すべき期間を記入します。

## 6. 転学・退学

　上記の４及び５に記入された日以後における異動について記入します。

　他の高等学校に転学する場合には，転学先の学校が受け入れた年月日の前日を記入し，転学先の学校名，所在地，課程名，学科名，転入学年等を記入します。退学する場合には，校長が退学を認め，又は命じた年月日を記入します。同じ高等学校において，異なる課程に転籍又は異なる学科に転科する場合も，転学の場合に準じて記入します。

## 7. 留学等

①留学又は休学について校長が許可した期間を記入します。また，留学の場合は，留学先の学校名，学年及び所在国名を記入します。

②原級留置した生徒の指導要録には，この欄に校長が原級留置を認めた年度及び学年を記入します。例えば，「令和○年度第○学年原級留置」のように記入します。

## 8. 卒業

校長が卒業を認定した年月日を記入します。

## 9. 進学先，就職先等

　進学した者については，進学した学校名等を記入し，就職した者については，就職先の事業所名等を記入し，就職しながら進学した者については，上記の両方を記入します。なお，家事又は家業に従事した者については，その旨を記入します。卒業の際，進路が決まっておらず記入できていない者については，確定したときに記入することが望ましいです。

## 10. 学校名及び所在地

### ①学校名及び所在地

　学校名は，正式名称を記入します。所在地は，都道府県名から記入します。指定都市に所在する場合は，都道府県名は省略可能です。

### ②課程名・学科名

　課程名は，全日制の課程・定時制の課程の別を記入し，学科名は，普通科，総合学科，専門教育を主とする学科の名称を記入します。この場合，専門教育を主とする学科については，「工業（建築科）」のように，普通科におけるコースについては，「普通科（○○コース）」のように記入します。

## 11. 年度，校長氏名，ホームルーム担任者氏名

①同一年度内に校長又はホームルーム担任者が変わった場合には，その都度後任者の氏名を併記します。臨時的任用の教員が担当した場合などについても，その氏名を記入します。
②氏名印については，学年末又は生徒の転学・退学等の際に，記入について責任を有する校長及びホームルーム担任者が押印します。

# 様式1（学籍に関する記録）
# 裏面の記入のポイント

**1**

● 各教科・科目等の修得単位数の記録

| 教科 | 科目 | 修得単位数の計 |
|---|---|---|
| 国語 | 現代の国語 | |
| | 略 | |
| | 〃 | |
| 地理歴史 | 〃 | |
| | 〃 | |
| 公民 | 〃 | |
| | 〃 | |
| 数学 | 〃 | |
| | 〃 | |
| 理科 | 〃 | |
| | 〃 | |
| 保健体育 | 〃 | |
| 芸術 | 〃 | |
| | 〃 | |
| 外国語 | 〃 | |
| | 〃 | |

（各学科に共通する各教科・科目）

| 教科 | 科目 | 修得単位数の計 |
|---|---|---|
| 家庭 | 〃 | |
| | 〃 | |
| 情報 | 〃 | |
| 理数 | 〃 | |
| | 〃 | |
| 学校設定教科 | 〃 | |
| | 〃 | |

| 教科 | 科目 | 修得単位数の計 |
|---|---|---|
| 農業 | 〃 | |
| 工業 | 〃 | |
| | 〃 | |
| 商業 | 〃 | |
| 水産 | 〃 | |
| 家庭 | 〃 | |
| 看護 | 〃 | |

（主として専門学科に）

| 教科 | 科目 | 修得単位数の計 |
|---|---|---|
| 情報 | 〃 | |
| | 〃 | |
| 福祉 | 〃 | |
| 理数 | 〃 | |
| 体育 | 〃 | |
| 音楽 | 〃 | |
| 美術 | 〃 | |
| 英語 | 〃 | |
| | 〃 | |
| 学校設定教科 | 〃 | |
| | 〃 | |
| | 〃 | |

（において開設される各教科・科目）

| 総合的な探究の時間 | |
|---|---|

| 留学 | |
|---|---|

# 1. 各教科・科目等の 修得単位数の記録

入学時　年度はじめ　年度末　卒業時　事由発生時
（又は退学時）

## ①修得単位数の計

　修得した各教科・科目等ごとに修得単位数の計を卒業又は退学の際に記入します。また障害のある生徒に対して，学校教育法施行規則第140条の規程に基づいて，通級による指導を行った場合であって，高等学校学習指導要領（平成30年文部科学省告示第68号）（以下「高等学校学習指導要領」という）第1章第5款2（1）イに定める単位認定を行った場合は，「総合的な探究の時間」の次に「自立活動」の欄を設けて修得単位数の計を記入します。

## ②編入学又は転入学した生徒の場合

　以前に在学していた学校において修得した単位を卒業に必要な単位として校長が認める場合に，その修得単位数を各教科・科目等の修得単位数として記入したり，以前に在学していた学校における修得単位数等に関する証明書等の資料を，学籍に関する記録に添付したりすることによって，適切に記録します。

## ③留学により認定した単位数

　留学に関して，校長が認定した修得単位数がある場合は，その単位数を記入し，それ以外の場合には空欄にします。

## ④履修は認定されたが，修得できなかった教科・科目等がある場合

　当該教科・科目等について，修得単位数を記入するとともに，履修を認定した単位数を合わせたものを（　）〔括弧〕書きします。なお，修得単位がなく，履修を認定した単位だけの場合には，「0（履修認定単位数）」と記入します。

# 様式2（指導に関する記録）
# 表面の記入のポイント

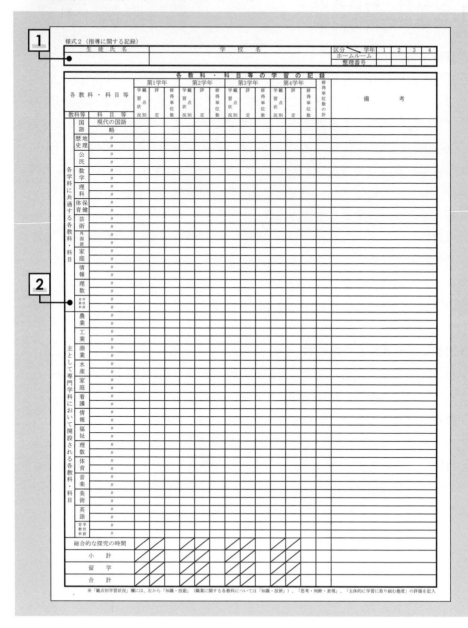

# 1. 生徒氏名，学校名，ホームルーム，整理番号

　様式1（学籍に関する記録）に記載した生徒氏名，学校名，ホームルーム，整理番号を記入します。

# 2. 各教科・科目等の学習の記録

## ①観点別学習状況

　履修を認定した各教科・科目について観点別学習状況の評価を観点ごとに記入します。

(1) 各教科・科目の観点別学習状況は，各教科・科目の学習において「知識・技能」（職業に関する各教科・科目については「知識・技術」），「思考・判断・表現」，「主体的に学習に取り組む態度」の3観点について観点ごとに，A，B，Cの3段階での評価を記入してください。

(2) 高等学校学習指導要領に示す各教科・科目の目標に基づき，学校が生徒や地域の実態に即して定めた当該教科・科目の目標や内容に照らして，その実現状況を観点ごとに評価し記入します。その際，「十分満足できる」状況と判断されるものをA，「おおむね満足できる」状況と判断されるものをB，「努力を要する」状況と判断されるものをCのように区別して評価を記入してください。

## ②評定

　履修を認定した各教科・科目について評定を記入します。

(1) 各教科・科目の評定は，各教科・科目の学習についてそれぞれ5，4，3，2，1の5段階で表します。

(2) 高等学校学習指導要領に示す各教科・科目の目標に基づき，学校が生徒や地域の実態に即して定めた当該教科・科目の目標や内容に照らし，その実現状況を総括的に評価して，「十分満足できるもののうち，特に程度が高い」状況と判断されるものを5，「十分満足できる」状況

と判断されるものを4，「おおむね満足できる」状況と判断されるものを3，「努力を要する」状況と判断されるものを2，「努力を要すると判断されるもののうち，特に程度が低い」状況と判断されるものを1のように区別して評価を記入します。

(3) 評定にあたっては，評定は各教科・科目の学習の状況を総括的に評価するものであり，「①観点別学習状況」において掲げられた観点は，分析的な評価を行うものとして，各教科・科目の評定を行う場合において基本的な要素となるものであることに十分留意してください。その際，評定の適切な決定方法等については，各学校において定め，内規等に記載します。

(4) 学校設定教科に関する科目は，観点別学習状況の評価，評定及び修得単位数を記入しますが，当該教科・科目の目標や内容等から数値的な評価になじまない科目については，観点別学習状況の評価や評定は行わずに，学習の状況や成果などを踏まえて，総合所見及び指導上参考となる諸事項に所見等を端的に記入するなどの，評価の在り方等について工夫してください。「評定」の欄には，履修を認定した各教科・科目について評定を記入します。

### ③修得単位数

「修得単位数」の欄には，各教科・科目等について修得を認定した単位数を記入します。

履修の認定をした教科・科目について，「評定」が2以上のときは，単位の修得を認定するものとして，「修得単位数」の欄に修得した単位数を記入します。また，「評定」が1のときは，単位の修得を認めないものとして，「修得単位数」の欄に0と記入するとともに「備考」の欄に「○単位履修認定」と記入します。

履修の認定をしなかった科目等については，「観点別学習状況」，「評定」及び「修得単位数」の欄をすべて空欄とし，「備考」の欄に「第○学年履修不認定」と記入します。

「修得単位数の計」の欄には，各教科・科目等ごとに，修得を認定した単位数の計を記入します。

　「総合的な探究の時間」の欄には，総合的な探究の時間における学習活動について修得を認定した単位数を記入します。

　「小計」の欄には，修得を認定した単位数の計を記入します。

　留学をした生徒の「各教科・科目等の学習の記録」の記入は下記によって記載してください。

　(1)「留学」の欄には，留学をした生徒の外国の学校における学習の成果をもとに，校長が修得を認定した単位数を記入し，単位の修得を認定しなかった場合は0と記入します。

　(2) 当該外国のカリキュラムを逐一，我が国の教科・科目等と対比し，これらに置き換えて評価する必要はありません。

　(3) 外国の高等学校の発行する成績や在籍，科目履修に関する証明書又はその写しを添付します。

　「合計」の欄には，「小計」の欄及び「留学」の欄に記入した単位数がある場合にはその単位数との合計を記入します。

　単位制による課程の場合においては，過去に在学した高等学校において修得した教科・科目等及びその修得単位数もそれぞれ「各教科・科目等」及び「修得単位数の計」の欄に記入することとし，「備考」の欄にその旨を記入します。

　「備考」の欄には，例えば，次のような場合の履修上の特記事項について記入します。

　(1)「総合的な探究の時間」については，「総合的な探究の時間」の校内における名称等を記入します。

　(2) 学校教育法施行規則第97条の規定による学校間連携等の場合は，「学校間連携」又は「併修」，高等学校通信教育規程第12条の規定による併修の場合は，「定通併修」，「通定併修」などその旨を記入し，あわせて併修先の課程名又は連携先の学校名を記入します。

　(3) 学校教育法施行規則第98条の1の規定により，高等学校における科目

の一部の履修に相当するものを，大学，高等専門学校及び専修学校高等課程若しくは専門課程において行なったときは，「備考」の欄に「大学」などその旨を記入し，あわせて大学，高等専門学校及び専修学校での履修単位数を記入します。

(4) 学校教育法施行規則第98条の2の規定により，知識及び技能に関する審査に係る学修に合格した生徒に対して，当該知識及び技能に関する審査の内容に対応する科目に一定の単位数を加えることについては，対応する科目の単位の修得前に合格した場合，対応する教科・科目の「修得単位数」の欄に加えた単位数を含めて記入します。また，対応する教科・科目修得後に合格した場合は，当該知識及び技能に関する審査に合格した「学年」の欄の「修得単位数」の欄に加えた単位数を記入します。なお，この場合は「観点別学習状況」，「評定」の欄は空欄にします。さらに，「備考」の欄に「知識及び技能に関する審査」などその旨を記入して，あわせて加えた単位数を記入します。

(5) 学校教育法施行規則第98条の3の規定により，ボランティア活動その他の継続的に行われる活動に係る学修等について，学校設定教科・科目の履修とみなして，当該科目の単位を得た場合は，あわせて履修単位数を記入します。

(6) 専門教育を主とする学科の生徒に対して，高等学校学習指導要領第1章第2款の3 (2)ウ（イ）の規定により，専門教科・科目の履修によってすべての生徒に履修させる各教科・科目の一部又は全部の履修に替えた場合は，専門教科・科目によって代替された教科・科目の「備考」の欄に，「代替」などその旨を記入するほか，代替に係わる専門教科・科目名及び単位数を記入します。

(7) 高等学校学習指導要領第1章第2款の3 (2)ウ（ウ）の規定により，職業教育を主とする専門学科においては，「総合的な探究の時間」の履修により，農業，工業，商業，水産，家庭若しくは情報の各教科の「課題研究」，看護の「看護臨地実習」又は福祉の「介護総合演習」

（以下「課題研究等」とします）の単位数の一部又は全部の履修に替えた場合は，「総合的な探究の時間」における学習活動により代替された主として専門学科において開設される各教科に属する「課題研究等」の「備考」の欄に「代替」などその旨を記入するほか，「総合的な探究の時間」及び単位数を記入します。

　また，「課題研究等」の履修により，「総合的な探究の時間」における学習活動の一部又は全部の履修に替えた場合も同様に記入し，「総合的な探究の時間」の備考欄に「代替」などその旨を記入するほか，代替に係わる専門教育に関する各教科・科目名及び単位数を記入します。

(8) 定時制の課程に在学している生徒に関して，高等学校学習指導要領第1章第2款の3 (7)エ（ウ）の規定により，実務等をもって職業に関する各教科・科目の一部の履修の一部に替えた場合は，「実務等」などその旨を記入します。

(9) 学校教育法施行規則第100条の1の規定により，高等学校卒業程度認定試験合格科目を高等学校の各教科・科目の単位を修得したものと認定した場合は，「観点別学習状況」及び「評定」の欄は空欄にし，「修得単位数」及び「修得単位数の計」の欄には学校の定める単位数を記入するとともに，備考欄に「令和○○年高等学校卒業程度認定試験」などその旨を記入します。

(10) 学校教育法施行規則第100条の2の規定により，別科において修得した科目を高等学校の各教科・科目の単位を修得したものとみなした場合は，上記 (9) の取扱いに準じて記入し，「別科」などその旨を記入します。

(11) 定時制の課程に在籍している生徒が，学校教育法第55条及び技能教育施設の指定等に関する規則により，技能教育施設において連携措置に係わる各教科・科目を履修した場合は，備考欄に「技能連携」などその旨を記入します。

# 様式2（指導に関する記録）
# 裏面の記入のポイント

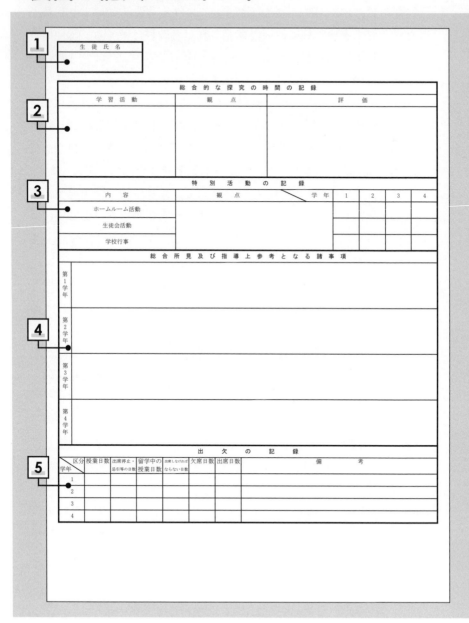

**1**

生徒氏名

**2**

総合的な探究の時間の記録

| 学 習 活 動 | 観 点 | 評 価 |
|---|---|---|
| | | |

**3**

特 別 活 動 の 記 録

| 内 容 | 観 点 | 学 年 | 1 | 2 | 3 | 4 |
|---|---|---|---|---|---|---|
| ホームルーム活動 | | | | | | |
| 生徒会活動 | | | | | | |
| 学校行事 | | | | | | |

総 合 所 見 及 び 指 導 上 参 考 と な る 諸 事 項

| 第1学年 | |
|---|---|
| 第2学年 | |
| 第3学年 | |
| 第4学年 | |

**4**

**5**

出 欠 の 記 録

| 学年\区分 | 授業日数 | 出席停止・忌引等の日数 | 留学中の授業日数 | 出席しなければならない日数 | 欠席日数 | 出席日数 | 備 考 |
|---|---|---|---|---|---|---|---|
| 1 | | | | | | | |
| 2 | | | | | | | |
| 3 | | | | | | | |
| 4 | | | | | | | |

## 1. 生徒氏名

　様式１（学籍に関する記録）に記載した生徒氏名を記入します。

## 2. 総合的な探究の時間の記録

### ①学習活動

　単元名（テーマ）を記入します。ただし，学年により単元名（テーマ）が異なる場合は，「１年○○，２年○○」のように履修した学年がわかるように記入します。

### ②観点

　「知識・技能」「思考・判断・表現」「主体的に学習に取り組む態度」の３観点を記入します。

### ③評価

　３観点のうち，少なくとも２観点について生徒の学習状況に顕著な事項がある場合などにその特徴を記入する等，生徒にどのような力が身についたかを文章で端的に記入します。なお，複数学年にわたって履修する場合は，履修した学年ごとに，生徒の学習状況について，特に顕著な事項を記入します。

## 3. 特別活動の記録

### ①内容

　「ホームルーム活動」，「生徒会活動」，「学校行事」を記入します。

### ②観点

　各校が自ら定めた特別活動全体に係る評価の観点を記入した上で，各活動・学校行事ごとに，評価の観点に照らして十分満足できる活動の状況にあると判断される場合に，○印を記入します。

## 4. 総合所見及び指導上参考となる諸事項

　生徒の成長の状況を総合的に捉えるため，以下の事項等を文章で箇条書き

等により端的に記入します。特に（7）のうち，生徒の特徴・特技や学校外の活動等については，今後の学習指導等を進めていく上で必要な情報に精選して記入します。

(1) 各教科・科目や総合的な探究の時間の学習に関する所見
(2) 特別活動に関する事実及び所見
(3) 行動に関する所見
(4) 進路指導に関する事項
(5) 取得資格
(6) 生徒が就職している場合の事業所
(7) 生徒の特徴・特技，部活動，学校内外におけるボランティア活動など社会奉仕体験活動，表彰を受けた行為や活動，学力について標準化された検査に関する記録など指導上参考となる諸事項
(8) 生徒の成長の状況に関わる総合的な所見

記入に際しては，生徒の優れている点や長所，進歩の状況などを取り上げるよう留意します。ただし，生徒の努力を要する点などについても，その後の指導において特に配慮を要するものがあれば端的に記入します。

さらに，障害のある生徒のうち通級による指導を受けている生徒については，通級による指導を受けた学校名，通級による指導の単位数又は授業時数，指導期間，指導の内容や結果等を端的に記入します。通級による指導の対象となっていない生徒で，教育上特別な支援を必要とする場合には，必要に応じ，効果があったと考えられる指導方法や配慮事項を端的に記入します。

# 5. 出欠の記録

## ①授業日数

生徒の属する学科及び学年について授業を実施した年間の総日数を記入します。学校保健安全法第20条の規定に基づき，臨時に，学校の全部又は学年の全部の休業を行うこととした日数は授業日数には含めません。

ただし，転学又は退学をした生徒については，転学のため学校を去った日

又は退学をした日までの授業日数を記入し，編入学又は転入学をした生徒については，編入学又は転入学をした日以後の授業日数を記入します。また，転籍又は転科の生徒についても上記に準じて記入します。

なお，単位制による課程の場合においては，授業日数については，当該生徒の履修計画にしたがって出校すべき年度内の総日数を記入します。

## ②出席停止・忌引等の日数

次のような日数を含めて記入します。

(1) 学校教育法第11条による懲戒のうち停学の日数及び学校保健安全法第19条による出席停止の日数並びに感染症の予防及び感染症の患者に対する医療に関する法律第19条，第20条，第26条及び第46条による入院の場合の日数

(2) 学校保健安全法第20条により，臨時に学年の中の一部の休業を行った場合の日数

(3) 忌引日数

(4) 非常変災等生徒若しくは保護者の責任に帰することのできない事由で欠席した場合などで，校長が出席しなくてもよいと認めた日数

(5) 選抜のための学力検査の受検，その他教育上特に必要な場合で，校長が出席しなくてもよいと認めた日数

## ③留学中の授業日数

校長が許可した留学期間における在籍校の授業日数を記入します。

## ④出席しなければならない日数

「授業日数」から「出席停止・忌引等の日数」及び「留学中の授業日数」を差し引いた日数を記入します。

## ⑤欠席日数

「出席しなければならない日数」のうち病気又はその他の事故で，生徒が欠席した日数を記入します。

なお，休学した生徒の出欠の取扱いについては，休学の期間を欠席に準じて取扱い，通常の欠席と休学による欠席の内訳を「備考」の欄に記入します。

#### ⑥出席日数

「出席しなければならない日数」から「欠席日数」を差し引いた日数を記入します。なお，学校の教育活動の一環として，生徒が運動や文化などに関わる行事等に参加したものと校長が認める場合には，出席扱いとすることができます。

また，平成21年3月12日付け20文科初第1346号「高等学校における不登校生徒が学校外の公的機関や民間施設において相談・指導を受けている場合の対応について」に沿って，不登校の生徒が学校外の施設において相談・指導を受け，そのことが当該生徒の将来的な社会的自立を助ける上で適切であると校長が認める場合には，指導要録の出欠の記録においては出席扱いとすることができます。この場合には，出席日数の内数として出席扱いとした日数及び生徒が通所若しくは入所した学校外の施設名を記入します。

上記の日数について，該当すべき日数がない場合には，空白とせずに0と記入します。

#### ⑦備考

出欠に関する特記事項，転入学した生徒についての前に在学していた学校における出欠の概要などを記入します。

なお，非常時にオンラインを活用した特例の授業を実施した場合は，参加日数を記入します。例えば，「オンラインを活用した特例の授業○日」のように記入します。

最終学年において留学し，その学年の3月31日を越えて留学した生徒の翌学年の出欠の記録については，「出欠の記録」欄の下に欄を設け，記入します。

なお，新たに設ける欄の「授業日数」の欄には，当該生徒の最終学年の翌学年における卒業の日までの在籍校の授業日数を記入します。

# 〔非常時にオンラインを活用して実施した特例の授業等の記録〕

高等学校（全日制の課程・定時制の課程）生徒指導要録（参考様式）様式2（指導に関する記録）別記

| 非常時にオンラインを活用して実施した特例の授業等の記録 | | | | |
|---|---|---|---|---|
| 第1学年 | 生徒が登校できない事由 | | | |
| | オンラインを活用した特例の授業 | 実施日数 | 参加日数 | 実施方法等 |
| | | | | |
| | その他の学習等 | | | |

① 「生徒が登校できない事由」の欄には，生徒が感染症又は災害の発生等によりやむを得ず登校できなかった場合，その事由を記入します。例えば，「コロナ臨時休業」，「コロナ出席停止」のように記入します。

② 「オンラインを活用した特例の授業」の欄には，非常時に臨時休業又は出席停止等によりやむを得ず学校に登校できない生徒について，以下の方法によるオンラインを活用した学習の指導（オンラインを活用した特例の授業）を実施したと校長が認める場合には，(1)から(3)までの事項を記入します。

・**同時双方向型のオンラインを活用した学習指導**

・**課題の配信・提出，教師による質疑応答及び生徒同士の意見交換をオンラインを活用して実施する学習指導（オンデマンド動画を併用して行う学習指導等を含む）**

(1) 「実施日数」の欄には，オンラインを活用した特例の授業の実施日数を記入します。

(2) 「参加日数」の欄には，オンラインを活用した特例の授業への参加日数を記入します。学校の臨時休業中のオンラインを活用した特例の授業を実施している日に，家庭の事情等により学校に登校して参加する生徒についても，オンラインを活用した特例の授業への参加日数として記入します。

(3) 「実施方法等」の欄には，オンラインを活用した特例の授業の実施方法等を簡潔に記入します。例えば，「同時双方向」のように記入します。

③ 「その他の学習等」の欄には，必要に応じて，オンラインを活用した特例の授業以外に，非常時に臨時休業又は出席停止等によりやむを得ず学校に登校できなかった生徒が行った学習その他の特記事項等について記入します。例えば，「個別指導（電話）」のように記入します。ただし，特段必要がない場合には，記入は不要です。

# 通信制様式の
# 記入のポイント

高等学校（通信制の課程）生徒指導要録（参考様式）

様式1（学籍に関する記録）

| 区分 ＼ 学年 | 年度 | 年度 | 年度 | 年度 | 年度 |
|---|---|---|---|---|---|
| ホームルーム | | | | | |
| 整理番号 | | | | | |

## 学　籍　の　記　録

| 生徒 | ふりがな | | 性別 | 入学・編入学 | 年　　月　　日　　入学編入学 |
|---|---|---|---|---|---|
| | 氏　名 | | | | |
| | 生年月日 | 年　　月　　日生 | | 転　入　学 | 年　　月　　日 |
| | 現住所 | | | 転学・退学 | 年　　月　　日 |
| 保護者等 | ふりがな | | | 留　学　等 | 年　　月　　日　〜　年　　月　　日 |
| | 氏　名 | | | | |
| | 現住所 | | | 卒　業 | 年　　月　　日 |
| 入学前の経歴 | 年　　　　　中学校卒業 | | | 進　学　先就　職　先　等 | |

| 学　校　名及　　　　びｋ所　在　地（分校名・所在地等）学科名 | |
|---|---|

| 区分 ＼ 年度 | 年度 | 年度 | 年度 | 年度 | 年度 | 年度 |
|---|---|---|---|---|---|---|
| 校長氏名印 | | | | | | |
| ホームルーム担任者氏名印 | | | | | | |

46

（様式1裏面）

## 各教科・科目等の修得単位数の記録

| 教科 | 科目 | 修得単位数の計 |
|---|---|---|
| 国語 | 現代の国語 | |
| | 略 | |
| | 〃 | |
| 地理歴史 | 〃 | |
| | 〃 | |
| 公民 | 〃 | |
| | 〃 | |
| 数学 | 〃 | |
| | 〃 | |
| 理科 | 〃 | |
| | 〃 | |
| 保健体育 | 〃 | |
| | 〃 | |
| 芸術 | 〃 | |
| | 〃 | |
| 外国語 | 〃 | |
| | 〃 | |

※各学科に共通する各教科・科目

| 教科 | 科目 | 修得単位数の計 |
|---|---|---|
| 家庭 | 〃 | |
| | 〃 | |
| 情報 | 〃 | |
| 理数 | 〃 | |
| 学校設定教科 | 〃 | |
| | 〃 | |
| | 〃 | |
| 農業 | 〃 | |
| | 〃 | |
| 工業 | 〃 | |
| 商業 | 〃 | |
| 水産 | 〃 | |
| 家庭 | 〃 | |
| 看護 | 〃 | |

※主として専門学科に

| 教科 | 科目 | 修得単位数の計 |
|---|---|---|
| 情報 | 〃 | |
| | 〃 | |
| 福祉 | 〃 | |
| | 〃 | |
| 理数 | 〃 | |
| 体育 | 〃 | |
| 音楽 | 〃 | |
| 美術 | 〃 | |
| 英語 | 〃 | |
| | 〃 | |
| 学校設定教科 | 〃 | |
| | 〃 | |
| | 〃 | |

※おいて開設される各教科・科目

| | |
|---|---|
| 総合的な探究の時間 | |

| | |
|---|---|
| 留学 | |

様式２（指導に関する記録）

| 生　徒　氏　名 | 学　校　名 | 区分 | 年度 | 年度 | 年度 | 年度 | 年度 | 年度 |
|---|---|---|---|---|---|---|---|---|
| | | ホームルーム | | | | | | |
| | | 整理番号 | | | | | | |

## 各 教 科 ・ 科 目 等 の 学 習 の 記 録

| 各 教 科 ・ 科 目 等 | | 年度 | | | 年度 | | | 年度 | | | 年度 | | | 年度 | | | 年度 | | | 修得単位数の計 |
|---|---|---|---|---|---|---|---|---|---|---|---|---|---|---|---|---|---|---|---|---|
| 教科等 | 科 目 等 | 観点別学習状況 | 評定 | 修得単位数 | 観点別学習状況 | 評定 | 修得単位数 | 観点別学習状況 | 評定 | 修得単位数 | 観点別学習状況 | 評定 | 修得単位数 | 観点別学習状況 | 評定 | 修得単位数 | 観点別学習状況 | 評定 | 修得単位数 | |
| 各学科に共通する各教科・科目 | 国語　現代の国語 | | | | | | | | | | | | | | | | | | | |
| | 略 | | | | | | | | | | | | | | | | | | | |
| | 地理歴史　〃 | | | | | | | | | | | | | | | | | | | |
| | 公民　〃 | | | | | | | | | | | | | | | | | | | |
| | 数学　〃 | | | | | | | | | | | | | | | | | | | |
| | 理科　〃 | | | | | | | | | | | | | | | | | | | |
| | 保健体育　〃 | | | | | | | | | | | | | | | | | | | |
| | 芸術　〃 | | | | | | | | | | | | | | | | | | | |
| | 外国語　〃 | | | | | | | | | | | | | | | | | | | |
| | 家庭　〃 | | | | | | | | | | | | | | | | | | | |
| | 情報　〃 | | | | | | | | | | | | | | | | | | | |
| | 理数　〃 | | | | | | | | | | | | | | | | | | | |
| | 学校設定教科　〃 | | | | | | | | | | | | | | | | | | | |
| 主として専門学科において開設される各教科・科目 | 農業　〃 | | | | | | | | | | | | | | | | | | | |
| | 工業　〃 | | | | | | | | | | | | | | | | | | | |
| | 商業　〃 | | | | | | | | | | | | | | | | | | | |
| | 水産　〃 | | | | | | | | | | | | | | | | | | | |
| | 家庭　〃 | | | | | | | | | | | | | | | | | | | |
| | 看護　〃 | | | | | | | | | | | | | | | | | | | |
| | 情報　〃 | | | | | | | | | | | | | | | | | | | |
| | 福祉　〃 | | | | | | | | | | | | | | | | | | | |
| | 理数　〃 | | | | | | | | | | | | | | | | | | | |
| | 体育　〃 | | | | | | | | | | | | | | | | | | | |
| | 音楽　〃 | | | | | | | | | | | | | | | | | | | |
| | 美術　〃 | | | | | | | | | | | | | | | | | | | |
| | 英語　〃 | | | | | | | | | | | | | | | | | | | |
| | 学校設定教科　〃 | | | | | | | | | | | | | | | | | | | |
| 総合的な探究の時間 | | | | | | | | | | | | | | | | | | | | |
| 小　　計 | | | | | | | | | | | | | | | | | | | | |
| 留　　学 | | | | | | | | | | | | | | | | | | | | |
| 合　　計 | | | | | | | | | | | | | | | | | | | | |

※「観点別学習状況」欄には、左から「知識・技能」（職業に関する各教科については「知識・技術」）、「思考・判断・表現」、「主体的に学習に取り組む態度」の評価を記入

| 生 徒 氏 名 |
|---|
|  |

### 総 合 的 な 探 究 の 時 間 の 記 録

| 学 習 活 動 | 観 点 | 評 価 |
|---|---|---|
|  |  |  |

### 特 別 活 動 の 記 録

| 内 容 | 観 点 | 年 度 | 年 度 | 年 度 | 年 度 | 年 度 | 年 度 | 年 度 |
|---|---|---|---|---|---|---|---|---|
| ホームルーム活動 |  |  |  |  |  |  |  |  |
| 生徒会活動 |  |  |  |  |  |  |  |  |
| 学校行事 |  |  |  |  |  |  |  |  |

### 総 合 所 見 及 び 指 導 上 参 考 と な る 諸 事 項

| 年度 |  | 年度 |  |
|---|---|---|---|
| 年度 |  | 年度 |  |
| 年度 |  | 年度 |  |

### 出 校 の 記 録

| 年度＼区分 | 出 校 日 数 | 備 考 |
|---|---|---|
| 年度 |  |  |
| 年度 |  |  |
| 年度 |  |  |
| 年度 |  |  |
| 年度 |  |  |
| 年度 |  |  |

**1**

記入におけるポイントは，全日制の過程・定時制の過程と基本的には同じですが，取り立てて異なる点だけ下記に記載します。

# 1. 出校の記録（様式2　裏面）

## ①出校日数

　実際に生徒が出校した年度間の総日数を記入します。この日数には，生徒が面接指導等のために，協力校，その他学校が定めた場所に出校した日数を含むものとします。ただし，転学又は退学をした生徒については，転学のため学校を去った日又は退学をした日までの出校日数を記入し，転入学又は編入学をした生徒については，転入学又は編入学した日からその年度の終わりまでの出校日数を記入します。また，転籍の生徒についても上記に準じて記入します。

## ②備考

　出校の状況に関する特記事項のほか，ラジオ・テレビ放送その他の多様なメディアの利用により，各教科・科目又は特別活動についての面接指導時間数の一部が免除された結果として出校する必要のなくなった日数について，例えば「3日（ラジオ）」と記入します。また，転入学した生徒についての前に在学していた学校における出校又は出欠の概要等を記入します。

生徒の姿に応じた
文が見つかる！

# 総合所見の
# 記入文例

## 第3章

# 国語

> 国語科の学習活動を通して生徒個々の成長を促し，また，他の学習活動や日々の生活においても，生徒の言語を通じた他者との関わりを見つめていくことが大切です。

**[知識及び技能]　使う語彙の豊かな生徒**

日頃から読書に親しみ，習得した語彙が豊富であるため，その意味をきちんと理解し適切に使うことができる。

**[知識及び技能]　多様な文章の表現方法を使える生徒**

学習した内容にとらわれず，多様な書籍，文章を読むことを基にして，それぞれの文章の構成の仕方を学び，自ら書く文章に生かすことができた。

**[知識及び技能]　古文に興味のある生徒**

古文作品を読む中で，有職故実への興味を高めることから，自ら図書館等で調べ学習を行い，知識を広げ，深めることができた。

**[知識及び技能]　読書量の多い生徒**

元々小説を読むことが好きであったが，様々な修辞法を学んだことから，人の気持ちや，自然の美しさを受容する幅が広がるなど，読みをさらに深めることができた。

**[知識及び技能]　漢文を得意とする生徒**

漢文の訓読や句法を習得することによって，故事成語の元となる漢文や，歴史物語を読解し，古典への新たな関わり方ができるようになった。

**[思考力，判断力，表現力等]　自分の意見を述べることを苦手とする生徒**

自分とは異なる友人の意見を受け入れ，物事を多面的に捉え，自分の考えを深めることができた。

**[知識及び技能]　口数は少ないが論理的に思考して話そうとする生徒**

評論を読む中で，主張とその論拠を判別できるようになり，自分の考えを述べる際も論理的な説明ができるようになった。

**[知識及び技能]　人前で発表することを苦手とする生徒**

評論の内容について，考察したこと，理解したことを誰にもわかりやすくスライドにまとめ，班員と協力して発表した。

**[思考力，判断力，表現力等]　班で討論する際，聞き役に回っている生徒**

友人の発表を聞き，感想や批評を述べる際には，良かったところ，改善点などを自分なりの価値に基づき建設的な意見として述べることができた。

**[思考力，判断力，表現力等]　文章を書くことを得意とする生徒**

多種多様な文章を読むことで，一つの事象について多面的な表現を考えるなどの言語感覚を磨き，工夫のある表現で他者を楽しませるための文章を書くことができた。

[思考力，判断力，表現力等]　文章を読むのに時間を要する生徒

抽象的な表現が多用された難解な文章をじっくりと丁寧に読み込み，簡潔な言葉で要約することができた。

[思考力，判断力，表現力等]　長文を読むことを苦手とする生徒

図やグラフを参照しながら読み進める文章を好み，記述された内容に加え，図やグラフから考察した自らの見解を提示することができた。

[思考力，判断力，表現力等]　自己の感情を表現するのが好きな生徒

詩や短歌，俳句などの作品について，言葉や独特な表現について深く考え，自然や空間を体感的に理解し，鑑賞文を書くことができた。

[思考力，判断力，表現力等]　授業中にノートを整理してまとめている生徒

評論文を読む際には段落相互の構造を捉え，ノートに図式化することで，その文章の構成や内容について理解を深めた。

[思考力，判断力，表現力等]　言葉遣いが丁寧な生徒

古文を通じて学習した敬語表現を現代の言語と照らし合わせ，日常生活の中でそれらを生かすことができた。

[学びに向かう力，人間性等]　古文文法を苦手とするが，内容には興味を示す生徒

古典作品を学習する際には，その時代背景や社会の状況なども調べ，その作品を多面的に理解しようと努力していた。

[学びに向かう力，人間性等]　話し合いの場を主導しようとする生徒

詩や短歌，俳句などの作品についての感想を班で話し合う際には，司会を務め，班員相互の意見交換を促し，価値を確認するなど活発な活動の場を作ろうとした。

[学びに向かう力，人間性等]　問題意識をもって文章を読める生徒

学習した評論のテーマと関連した作品をいくつか読み，自らの感想を添えつつその作品の魅力について友人に紹介しようとしていた。

[学びに向かう力，人間性等]　創作活動を得意とする生徒

漢詩について，句の構成や，押韻などの法則を学び，それらに準じて自ら漢詩を創作しようと試みた。

[学びに向かう力，人間性等]　ICT 機器を活用したビッグデータの扱いが得意な生徒

評論に書かれた内容について，それに関する資料を，根拠をもって探し出し，それらを関連付けて新たに考察したことを発表した。

[学びに向かう力，人間性等]　読解が苦手な生徒

小説を読み，その主題について班で話し合う際には，主題に関してだけでなく，作品の良さについても積極的に意見を述べようとする姿勢がうかがえた。

各教科・総合

特別活動

行動

進路指導

資格／事業所

特徴・特技

成長の状況

通信制

# 地理 歴史／公民

**Point**

> 正しく考えるために正しい知識の教授が必要な教科です。評価にあたっては，それが適切な知識に裏づけられた思考力であるか意識してください。

**[知識及び技能] 広い視座から諸課題を捉えることができた生徒**

世界の諸事象の規則性，傾向性，地域的特色や課題などを理解することができた。またそのことについてグローバルな視座，地域的な視座の双方から理解を深めた。

**[知識及び技能] 世界の諸地域の理解ができた生徒**

世界の生活文化が，地理的環境との相互作用の中で変容し，多様性をもつにいたったことを，諸地域の具体的事例を学ぶ中で理解することができた。

**[知識及び技能] 日本を他国との関係で捉えることができた生徒**

近現代史に関わる諸事象について，表面的事象だけにとらわれることなく，世界とその中の日本という広く相互的な視野から捉えてより深く理解することができた。

**[知識及び技能] 統計資料を活用した理解に優れた生徒**

各種統計資料を的確に読み取り，取り上げた有意差などを分析する中で，諸事象を大きな枠組みの下で捉え，理解することができた。

**[知識及び技能] 地図等の活用に優れた生徒**

地図や地理情報システムを用い，空間的広がりの中で課題を捉えたり，得た情報を地図にまとめたり，用途に適した主題図を作成したりする技能を身につけた。

**[知識及び技能] 資料を活用して必要な情報をまとめることができた生徒**

諸資料から諸地域の特色に関する様々な情報を適切に読み取り，かつ効果的に調べまとめる技能を身につけた。またそれを分析してまとめることができた。

**[思考力，判断力，表現力等] 歴史的事実から適切に推論できた生徒**

歴史的事実を踏まえた上で，因果関係を，それを逆転させたり，あるいは相関関係と混同したりすることなく，適切に推論する歴史的思考力を身につけた。

**[思考力，判断力，表現力等] 学んだことを関連付けて理解できた生徒**

過去の出来事の歴史的背景，原因と結果，出来事相互の関連に着目して，多面的・多角的に考察する判断力を身につけた。

**[思考力，判断力，表現力等] 学んだことから世界の課題について思考できた生徒**

自然環境への働きかけと自然環境の改変など，学んだことを踏まえた上で，地域の環境開発や環境保全がどうあるべきかを考えることができた。

**[思考力，判断力，表現力等] 優れた思考力を身につけた生徒**

課題が発生する分布の規則性，傾向性の要因を探ったり，他の地域との比較から問題解決の糸口を探ったりする思考力を身につけた。

**[思考力，判断力，表現力等]　資料から地域の課題を見つけだすことができた生徒**

地域における人や資源，財，情報などの不均等な分布を分析することで今後の地域開発や地域間の関係改善への課題を見いだすことができた。

**[思考力，判断力，表現力等]　根拠をもって話ができた生徒**

史実，データに基づいた推量ができた。また複数の史料を比較考量することで，社会事象の多面性を視野に収めながら，妥当な結論を導きだすことができた。

**[思考力，判断力，表現力等]　SDGs に関心が高い生徒**

人々が自然環境とどのように関わり，他地域とどのような関係を結んできたかを理解し，何が大切かの重みづけができる判断力を身につけた。

**[思考力，判断力，表現力等]　批判的思考による論拠がもてた生徒**

史料を鵜呑みにするのではなく史料批判を試みて，批判的検討を加えることができた。また自分と異なる意見を参考にして自分の意見を鍛えることができた。

**[思考力，判断力，表現力等]　思考したことを適切に伝えることができた生徒**

自分の思考のプロセスをきちんと論述できた。難しいことを自分なりの言葉を使ったり，図式化したりするなど，受け手のことを考え，わかりやすく説明できた。

**[思考力，判断力，表現力等]　地理・歴史に苦手意識をもっている生徒**

地名，年代が覚えられないと苦手意識をもっているが，空間把握，時間把握など対象へ本質的な迫り方をしていて，事象を構造的に理解することができている。

**[思考力，判断力，表現力等]　探究的な学びで資料探しに尽力した生徒**

複数の視点から課題を分析して，多面的・多角的に考察できた。その上であるべき社会像を，その考えの根拠となる資料を添えて提示することができた。

**[思考力，判断力，表現力等]　新しく学んだことをすぐに活用して語れた生徒**

学んだことと自分の既有知識をつなげ，また比べることで，自分の見解をさらに深め，学んだことを適切に表現することができた。

**[学びに向かう力，人間性等]　地歴・公民の学びに積極的な生徒**

学びの中で，わからないことを「わかりたい」，知らないことを「知りたい」と強い気持ちをもつようになり，主体的に学習に取り組む姿勢を身につけた。

**[学びに向かう力，人間性等]　学びを自身の生活と関連させて発言した生徒**

これからの社会に主体的に関わっていく意欲をもつようになった。またそのことを通じて自ら成長していこうとする姿勢を見せるようになった。

**[学びに向かう力，人間性等]　歴史を学ぶ意義を理解しようとした生徒**

歴史の中における自らの立ち位置，自らも歴史を作っていく存在であることを知り，歴史的存在であることの自覚を深めさらなる学習への意欲を深めた。

特別活動

行動

進路指導

資格／事業所

特徴・特技

成長の状況

通信制

# 数学

基本的な概念や原理・法則を体系的に理解したり，事象を数学化して社会の問題に活用したり，粘り強く数学的論拠に基づいて判断したりする生徒の姿を見ます。

[知識及び技能]　苦手ながらも知識及び技術を身につけた生徒

やや苦手であった数学について積極的に取り組み，基本的な公式を理解するために努力を重ねた。

[知識及び技能]　家庭学習での努力がみられた生徒

日々，予習復習することを徹底し，家庭学習が習慣化することができ，基礎学力の定着に向け，努力を重ねることができた。

[知識及び技能]　知識及び技術を，日常の事象に応用することができた生徒

数量や数式，図形などに関する性質や関係を調べるために，具体例を挙げて事象を一般化・拡張化したり，条件を数学的に表現したりすることができる。

[思考力，判断力，表現力等]　日常生活の中で数学的な発見ができた生徒

基本的な概念・法則を体系的に理解することにより，日常の現実の事象に関して，数学的に解釈し，数学的な要素を用いて表現・処理することができた。

[思考力，判断力，表現力等]　問題発見・解決に向けて数学的な知見を活用した生徒

問題発見・解決の過程に必要な基本的な計算を修得するために，日頃からの学習を習慣化し，実力をつけた。

[思考力，判断力，表現力等]　数学的な表現の良さを理解し，解を求める生徒

数量の関係を方程式で表すことで，形式的に変形して解を求めることができる「数学的な表現や処理の良さ」を認識し，問題解決することができる。

[思考力，判断力，表現力等]　日常の事象に数学的な視点から興味をもった生徒

基本的な知識及び技術を身につけ，それらを応用することにより，日常の生活の事象に対する疑問を考察するようになった。

[思考力，判断力，表現力等]　既習事項を数学的に応用，発展することができた生徒

事象の本質を見極めることができ，他の事象との共通点などを見つけだしたことを統合的・発展的に考察することができる。

[思考力，判断力，表現力等]　問題解決の過程で数学の学びを活用した生徒

問題解決の過程を振り返り，得られた結果の意味を考察することに重きをおいて学習することにより，数学的に表現・処理する能力を養った。

[思考力，判断力，表現力等]　数学の学びを活用して日常を抽象化できる生徒

日常言語や数，式，図，グラフなどの様々な表現を用いて，物事の特徴を抽象化し簡潔かつ明瞭に表現することができる。

**[思考力，判断力，表現力等]　数学的な視点から協働的に問題解決ができる生徒**

問題解決を行う中で，協働的な活動を通して，他者と自立的，協働的に修正・改善し，他者の多様な考え方を認めることで，自分の考えを深めることができる。

**[思考力，判断力，表現力等]　見通しをもって課題の達成までの計画を立てる生徒**

様々な観点から推論する力が備わっており，問題解決までの見通しを立てることができ，確かな根拠から論理的に考察することができる。

**[学びに向かう力，人間性等]　粘り強く学習することで数学の力がついた生徒**

数学的論拠に基づいて，粘り強く考え，多角的な視点から判断しようとする態度が見えた。

**[学びに向かう力，人間性等]　数学的な問いを立てることができた生徒**

問題発見・解決の基礎をなす技能を身につけることにより，具体的な数学の問題から条件を変え，新たな問題を作成しようとした。

**[学びに向かう力，人間性等]　粘り強く数学的に問題解決を行うことができる生徒**

結果が正しくないときでも切り捨てるのではなく，なぜそのような結果になったのかを粘り強く問題解決に取り組もうとする。

**[学びに向かう力，人間性等]　数学の良さ理解して積極的に学び活用しようとした生徒**

数学の良さを認識し積極的に数学を活用する態度が見え，問題解決のために，様々な観点から仮説を立てる姿が見えた。

**[学びに向かう力，人間性等]　数学の良さを理解し生活の向上をめざせる生徒**

条件を満たす事象には得られた数学の結果を適用することができるという「数学の良さ」を認識し，様々な考察や問題解決に数学を活用しようとする。

**[学びに向かう力，人間性等]　社会の仕組みを数学的な視点から理解しようとする生徒**

論理的な考察から結果を得るなど，数学が生活に役立っていることなどを理解し，社会における数学の有用性や実用性を感じ，応用させようとする。

**[学びに向かう力，人間性等]　日常の事象を数学化し様々な方法を試そうとする生徒**

日常の事象を数学化することで，文章や条件，仮定を，よりわかりやすい具体的な問題に置き換えたり，類似の問題を考えたりするなど，試行錯誤をしようとする。

**[学びに向かう力，人間性等]　日常会話で数学的なプロセスを用いることができた生徒**

対話の中で数学的な推論に必要な仮定や，それによって得られた結論を表現したり読み取ったりするなど論理的な考察や検証をしようとする。

**[学びに向かう力，人間性等]　数学的な問題解決の糸口を見いだそうとする生徒**

日常生活で発生した問題解決の糸口から，条件を式で表現して処理したり，論理的に考察したりすることで，結果を得ようとする。

# 理科

Point

> 学習指導要領に示された理科の目標におけるキーワードである「科学的な探究」の視点から，生徒の状態を把握し成長を促す視点が必要です。

[知識及び技能] **知識・技能の理解が優れている生徒**

自然の事物・現象に関する知識や概念について，科学的な視点から捉えると共にそれぞれの関係性について理解している。

[知識及び技能] **観察の技能に優れている生徒**

自然の事物・現象について科学的に探究するポイントを見抜く力に優れており，必要な情報を取り出して記録することができる。

[知識及び技能] **実験の技能に優れている生徒**

自然の事物・現象について科学的に探究するために必要な実験の知識が備わっており，器具の基本操作や記録などの技能を身につけている。

[知識及び技能] **物理の知識・技能が優れている生徒**

日常生活における物体の運動と様々なエネルギーについて理解すると共に，科学的に探究するために必要な観察，実験の基本操作や記録等の技能を身につけている。

[知識及び技能] **化学の知識・技能が優れている生徒**

物質の性質や変化について物質の構造や結合，エネルギーなどと関連させて理解すると共に，日常生活や社会と関連付けて理解している。

[知識及び技能] **生物の知識・技能が優れている生徒**

生物現象の仕組みや生物の進化について理解すると共に，生物や生物現象を分子の変化や働きと関連させて理解している。

[知識及び技能] **地学の知識・技能が優れている生徒**

地球の構造や地球を取り巻く環境の特徴を理解すると共に，科学的に探究するために必要な観察，実験の基本操作や記録などの技能を身につけている。

[知識及び技能] **知識は身についているが，思考・判断が苦手な生徒**

自然の現象について，比較したり関係付けたりしながら情報を整理し，情報を基に見通しをもって課題を解決する知識を身につけている。

[知識及び技能] **知識は身についているが，学びに向かう力が不足した生徒**

自然の事物について，質的・量的に多くの知識を集める力に優れており，他の生徒と知識を共有しながら，知識の全体像を把握することに努めている。

[思考力，判断力，表現力等] **自ら課題を設定し，見通しをもって解決できる生徒**

自然の事物・現象から問題を見いだし，見通しをもって観察，実験などを行い，得られた結果を分析・解釈し，適切に表現することができる。

**[思考力，判断力，表現力等]　科学的な判断が得意な生徒**

自然の事物・現象から見いだした問題について，得られた知識を生かし，質的・量的な関係や時間的・空間的な関係などの科学的な視点で捉えることができる。

**[思考力，判断力，表現力等]　設定された課題に対して，答えを導きだせる生徒**

得られた結果について既知の情報と関連付けて比較検討し，問題に対する答えを導きだす思考力を身につけている。

**[思考力，判断力，表現力等]　課題の把握が得意な生徒**

設定された生徒実験に対して，測定すべき変量を的確に把握・理解し，条件制御のために注意すべきポイントを班員と共有しながら，実験を進めることができる。

**[思考力，判断力，表現力等]　課題を探究する力に優れた生徒**

課題に対して検証可能な仮説を設定し，仮説検証のために必要な実験・観察を計画すると共に，得られた結果に対して柔軟に対応することができる。

**[思考力，判断力，表現力等]　科学的な根拠に基づいた表現に優れる生徒**

理科の見方・考え方を働かせて，与えられた情報の中から必要かつ最小限なものを取り出し，図やグラフなどを用いて端的な説明をすることができる。

**[思考力，判断力，表現力等]　自分で進めることは難しいが，他者と協力できる生徒**

班員との協働作業を通して，観察・実験から得られた結果を分析して，自身の知識にすると共に，その結果をスライドにまとめて発表することができる。

**[学びに向かう力，人間性等]　理科に積極的に取り組み，リーダーシップがある生徒**

自然界の課題について積極的に調べ，他の班員をまとめながら，見通しをもって実験，観察を行い，科学的に探究しようとしている。

**[学びに向かう力，人間性等]　他者と協力しながら進めることができる生徒**

他の班員と協力しながら課題に向き合い，必要に応じて解決方法に対する方策について計画を振り返るなど，科学的な探究過程を経る力を身につけている。

**[学びに向かう力，人間性等]　力はないが努力をしている生徒**

授業に積極的に参加し，他の生徒から意見を聞いたり，ノートのとり方を工夫したりすることで，科学的な知識について理解しようとした。

**[学びに向かう力，人間性等]　自然現象や科学技術への興味が高い生徒**

教科書記載のコラムなどの身近な事物・現象に対して，科学の有用性を見つけることができ，課題意識をもって学びに取り組むことができる。

**[学びに向かう力，人間性等]　粘り強く課題に向き合うことのできる生徒**

単調な実験操作においても，細かな変化を見逃さないよう真摯に取り組み，他の生徒が得られない気付きを共有することができる。

各教科・総合

特別活動

行動

進路指導

資格／事業所

特徴・特技

成長の状況

通信制

# 保健体育

Point

> 実技科目やグループ活動において，生徒の行動を生徒の目線で理解することを大切にし，次の成長につなげていきましょう。

[知識及び技能]　競技種目の内容を理解した生徒

　競技の特性をよく理解し，これまでの経験を生かしつつ，自他の安全を確保しながら活動することができた。

[知識及び技能]　技能は高くないが，着実な練習等，努力した生徒

　繰り返し練習することで基本的な技能を身につけ，簡易ゲームなどで練習した技能を活用しようとした。

[知識及び技能]　熟考せず直感的に行動してしまう生徒

　仲間からの意見を受け止めつつ，競技のルールなどについて自分なりの理解に基づいて活動を進める中で，競技に親しむことができた。

[知識及び技能]　知識・技能に優れた生徒

　これまでの運動経験から高い技能と状況に応じたゲームでの知識を身につけており，練習や試合の中で他の模範となる活動ができた。

[思考力，判断力，表現力等]　話し合いの中心として活動する生徒

　グループの課題やチームの作戦の話し合いの場において，積極的に発言し，自らの考えを示したり，仲間の意見を引き出したりした。

[思考力，判断力，表現力等]　話し合いの発言が少ない生徒

　自己の課題を的確に把握し，グループの課題や仲間の意見を参考にしながらグループ内での役割を果たすことができた。

[思考力，判断力，表現力等]　集団での活動に参加しにくい生徒

　毎回の学習活動の様子を相互によく観察し，仲間の技能の変化や違いなどから理解を深めた。

[学びに向かう力，人間性等]　共生の態度をもっている生徒

　積極的に仲間と対話し，それぞれの特性や運動能力の違いなどについて理解しようとすることで，他者の気持ちを汲み取って活動につなげようとする。

[学びに向かう力，人間性等]　主体性の乏しい生徒

　活動記録を確実に記し，仲間の記録を参考にすることで，公正な評価や次への活動意欲につなげようとした。

[学びに向かう力，人間性等]　みんなで協力する姿勢がある生徒

　自己の課題や自分のチーム内の課題だけでなく，他のチームの仲間の活躍の場を大切にして競技を楽しもうとする。

# 芸術

Point

> 芸術四科どの科目であっても，時代や社会などの背景を理解しつつ，自然や作品，用具，楽器などから五感で感じた美や価値を，豊かな生活に生かす姿を見つめます。

**[知識及び技能]　用具，材料，楽器等を大切に扱う生徒**

芸術文化に対して敬意をもって接し，使用する道具，楽器の手入れを使用前と後とで丁寧に行うなど，芸術を愛好する姿勢が際立っていた。

**[知識及び技能]　音楽の鑑賞に秀でた生徒**

楽曲の文化，歴史，社会的背景を調べたことから，作曲者や演奏者の思いを汲み取り，自身の心情を重ね合わせつつ，音色の特徴や表現の効果を味わうことができた。

**[知識及び技能]　個性を感じ取る等美術，工芸，書道の作品鑑賞に秀でた生徒**

鑑賞活動から感じ取った作品や作者の個性や独自性などが，どのように生まれたのかを多様な視点から思考し，創造の営みやその豊かさを他者に伝えることができた。

**[知識及び技能]　知識・技能の習得が難しい生徒**

既存の表現技能に傾向せず，自分の感覚を大切にしながら美の価値を模索しつつ，新たな表現を試みようとする。

**[思考力，判断力，表現力等]　演奏会を企画するなど表現活動に秀でた生徒**

友人と共に演奏を楽しむため練習を行い，自ら会場を設定して演奏会を企画し，多くの人に音楽表現の楽しさを伝える素晴らしい演奏を行った。

**[思考力，判断力，表現力等]　制作にこだわる等美術，工芸の表現活動に秀でた生徒**

自身の感じ取ったことや考えたこと，または社会のニーズに対応させ，形や色彩，素材，用具の特徴を生かしつつ作品を何度も作り変えながら，表現を追求していた。

**[思考力，判断力，表現力等]　書道の表現活動に秀でた生徒**

漢字と仮名の調和や多様な表情の線質を，古典技法を習得しつつ，用筆や運筆で感じる心地よさや面白さを味わいながら自分と向かい合うような表現活動ができた。

**[学びに向かう力，人間性等]　主体的な学びが顕著にみられる生徒**

自然や社会を深く見つめ，芸術の学びを生活の中で生かし，生活での芸術体験を表現，鑑賞活動で生かす往還を楽しみ，日々の生活をより豊かにしようとしている。

**[学びに向かう力，人間性等]　主体的な表現活動が苦手な生徒**

常に周りの友人の活動を見つめ，仲間の活動に芸術として感じた価値を自身の表現活動に生かそうとしている。

**[学びに向かう力，人間性等]　表現活動にすぐに取り組めない生徒**

自ら表現の目標を設定し，その達成のために柔軟に計画を立てた上で，自身の判断で遂行しようとする。

各教科・総合

特別活動

行動

進路指導

資格／事業所

特徴・特技

成長の状況

通信制

# 外国語

単語や構文の暗記量だけではなく，異文化圏の人の生活や，考え方に夢を広げ，コミュニケーションを通して，自身の生き方を深める姿を見つめたいものです。

[知識及び技能] 授業には積極的に取り組んでいるが成績に表れていない生徒

語彙の獲得，文法等の理解においては未熟な部分があるが，授業や，日常会話において主体的，自律的に英語を用いてコミュニケーション力を身につけた。

[知識及び技能] 英語の基礎・基本が身についていない生徒

中学校の際に英語の学習に困難を抱えていたが，高校に入学して以来，中学の学習内容から学び直しに取り組んでいるところである。

[知識及び技能] 大きな声で発声練習している生徒

英語の発声練習において大きく明瞭な声を出し，クラス全体で学ぶ雰囲気を作りだすことができた。

[知識及び技能] 発声練習で大きな声を出せない生徒

人前では大きな声を出せないが，自分自身で主体的により良い発音方法を考え，模索することで，スムーズに発音できるようになった。

[知識及び技能] パフォーマンステストの成績は芳しくない生徒

英語での対面のコミュニケーションはあまり得意ではないが，自身の理解している文法などを，目的や場面，状況に応じて適切に活用できる。

[知識及び技能] 筆記試験の成績は芳しくない生徒

やや文法の知識に偏りがあるが，英語での対面でのコミュニケーションにおけるリスニング力，スピーキング力は高いものをもっている。

[知識及び技能] 英語の小テストのために日々知識の習得に取り組んだ生徒

英語の小テスト等にこつこつと取り組むことで，英語の語彙についての理解を深め，着実に知識として習得することができた。

[思考力，判断力，表現力等] 人前での英語の発表を得意とする生徒

クラスメイトや集会など多くの人の前でも，自分の意見に自信をもち，英語で積極的に表現することができた。

[思考力，判断力，表現力等] 人前での英語の発表が苦手な生徒

自ら積極的に英語で自分の意見を発表することは少ないが，自分を内省的に捉え，英語で自分の意見をまとめることができた。

[思考力，判断力，表現力等] 英語が得意でないが，ALT と接することが好きな生徒

コミュニケーション能力が高く，ALT と話す機会を積極的に作る中で，現時点での自身の英語力を最大限に活用するなど実践的な英語を身につけることができた。

**[思考力，判断力，表現力等]　英語のスピーチに取り組んだ生徒**

英語でのスピーチに積極的に取り組み，与えられたテーマに対して深く思考し，自分の考えや主張を論理的に伝える表現力を身につけた。

**[思考力，判断力，表現力等]　英語のディスカッションに取り組んだ生徒**

英語でのディスカッションに積極的に取り組み，友達だけでなく ALT など様々な他者と意見を伝え合う中で，発信力を身につけることができた。

**[思考力，判断力，表現力等]　英語でのディベートに取り組んだ生徒**

英語でのディベートに積極的に取り組み，チームのメンバーと協力しながら問題解決に取り組み，論理的思考と表現力を身につけた。

**[思考力，判断力，表現力等]　英語のプレゼンテーションに取り組んだ生徒**

英語でのプレゼンテーションに積極的に取り組み，プレゼンテーションスキルを身につけ，説得力をもって，自分の意見を聴衆に表明することができた。

**[思考力，判断力，表現力等][学びに向かう力，人間性等]　英語での多読に取り組んだ生徒**

英語で多読に積極的に取り組み，筆者との対話を楽しみながら，深く思考することができた。

**[学びに向かう力，人間性等]　英語の学習に積極的に取り組んでいる生徒**

英語を学ぶことが好きで，主体的，自律的に学習に取り組み，着実に英語力を伸ばそうとした。

**[学びに向かう力，人間性等]　英語が苦手な生徒で，英語の学習に消極的な生徒**

英語の学習に困難さを感じているが，これからの学びに向けて，友達や教員に相談するなど学習方法を模索しようとした。

**[学びに向かう力，人間性等]　授業において無気力な生徒**

与えられたものを単に吸収するのではなく，英語圏の映画，音楽など自らの興味関心を掻き立てられる事象を提示し，主体的に学びを進めようとした。

**[学びに向かう力，人間性等]　授業外でも努力を重ねている生徒**

自分にはどのような力が足りないか，どのような学習がさらに必要かなどを自ら考え，授業外でも努力を続けようとする自律的な態度が見られた。

**[学びに向かう力，人間性等]　英語が非常に堪能な生徒**

英語力については申し分なく，その存在が周囲の生徒の学びに対して大きな刺激を与えているが，現状に甘んじることなくさらなる向上に向けて努力を続けている。

**[学びに向かう力，人間性等]　英語の背景にある文化に興味がある生徒**

言語だけではなく，その背景にある文化にも興味をもち，主体的に調べることで理解を深めようとした。

各教科・総合

特別活動

行動

進路指導

資格／事業所

特徴・特技

成長の状況

通信制

# 家庭

Point

> 生涯にわたって続く社会との関わりの中で個の充実を図る営みは，日々の生活の充実
> の上に成り立ちます。豊かな生活を創造しようとする姿を見つめてください。

[知識及び技能]　実験・実習・発表には積極的だが理論学習では消極的な生徒

科学的根拠に基づいた推論や理論に裏付けられた固定概念にとらわれることなく，
仲間と協働しながら創造的な発想を生かした実践を通して学びを深めている。

[知識及び技能]　理論学習には取り組むが，実験・実習の取組が消極的な生徒

生活の改善・充実のための工夫や実践に必要な技能の習得にあたり，科学的根拠や
理論的な裏付けを確認し十分理解した上で効率的に身につけようとしている。

[知識及び技能]　栄養や健康に関する関心は乏しいが調理には関心が高い生徒

食物連鎖の頂点に立つ人間ならではの自らの手で食生活を充実する喜びや意義につ
いて，調理の技能を高める学びを通して実践的に理解しようとしている。

[思考力，判断力，表現力等]　積極的に子どもとふれあうが発達理論に関心がない生徒

子どもとの実際のふれあいを通して，生涯の基盤となる乳幼児期の心身の発達の特
徴や保育の意義について体験的に学びを深めようとしている。

[思考力，判断力，表現力等]　ジェンダーへの偏見から家庭科への意欲が低い生徒

家庭科各領域の学習の意義について，生活の中の現実的問題の背景の考察や改善の
方策を科学的に検討する学習を重ねながら徐々に理解を深めようとしている。

[思考力，判断力，表現力等]　行動には表れないが共生社会や福祉に関心をもつ生徒

地球規模で SDGs の取組が進む中，自然の一部としての人間の生活を豊かに創造す
るため家庭科で得る知識・技能をどのように生かすかについて考察を進めている。

[学びに向かう力，人間性等]　自立と家族・家庭との関連について関心のある生徒

各ライフステージにおける個の発達課題と家族の発達の関係について関心をもち，
自立に向けた課題の明確化や自分らしい生き方の探求に取り組もうとしている。

[学びに向かう力，人間性等]　家庭科の学習全般に意欲が乏しい生徒

自立への具体的課題である進路・就職の実現に直結する教科・科目の学習に力を注
ぎ，自立に伴う不安やアイデンティティの混乱を緩和しようとしている。

[学びに向かう力，人間性等]　校外活動には積極的だが通常授業には意欲が乏しい生徒

乳幼児とのふれあい体験や高齢者との交流などの実体験を通して，生涯における心
身の発達や各ライフステージにおける課題について理解を深めようとしている。

[学びに向かう力，人間性等]　住環境への知識は少ないが被災地支援を継続する生徒

生活基盤となる住居や環境の復旧を支える活動において人と関わり，絆づくりを実
践し，共生社会に生きる自己存在の意義や役割について考察を進めようとしている。

# 情報

Point

小中高と通じて実施される情報教育の全体像を把握した上で，高等学校における情報教育の多くを担う教科「情報」ならではの，生徒の成長を意識します。

[知識及び技能] コンピュータを使った情報処理能力に長けた生徒

各情報の特性を理解し，適切にモデル化したり情報処理を手順化したりして，問題の発見・解決や，解決方法の改善を行う優れた知識をもっている。

[知識及び技能] 知識・技能に対して，表現力が追いついていない生徒

情報を活用する際に気を付けるべき法律やマナーについて強く意識できており，情報の送り手として必要な知識を有している。

[知識及び技能] 他の観点に比べて，知識の豊富さが目立つ生徒

情報化が急速に発展した理由や，現代社会において情報化の進展が果たす役割について理解し，情報を他者に伝達する手段を適切に選択する技能をもっている。

[思考力，判断力，表現力等] 問題発見と解決能力に優れた生徒

シミュレートや班活動における協働活動の結果を分析して新たな意味を見つけだし，改めて課題を設定して，解決に向かう方法を決定することができる。

[思考力，判断力，表現力等] 班活動で議論展開の中心的な役割を担う生徒

雑多な情報や個人の意見を系統的に分類し，特に重要と考える点に着目して課題となる点を見いだして，論理を展開することができる。

[思考力，判断力，表現力等] コンピュータを使った表現力に優れた生徒

コンピュータの特性に対する理解を基として，情報の全体像と細部を同時に捉えることができるようにするなど，情報の受け手に配慮した表現をすることができる。

[思考力，判断力，表現力等] 情報発信能力に優れた生徒

情報の発信手段や伝達方法の違いとその効果に関する知識を基に，情報の内容と受け手に応じた適切な手段や方法を選択することができる。

[学びに向かう力，人間性等] 情報活用能力を他教科において発揮した生徒

適切な手段を用いて多くの情報を収集すると共に，その情報を扱いやすく処理して分析するなど，情報技術を活用する積極的な態度を身につけている。

[学びに向かう力，人間性等] 数学・理科と共に情報の豊富な知識を有する生徒

コンピュータに記憶されている情報の実体に目を向け，数学・理科の知識と関連付けて理解を深めると共に，科学技術の進展に目を向けることができた。

[学びに向かう力，人間性等] 情報社会に対して学びを生かす視点をもった生徒

現代社会における情報の扱いについての留意点を理解すると共に，情報を活用する必要性と有用性を見いだし，情報社会を発展させる意思を育んだ。

各教科・総合

特別活動

行動

進路指導

資格／事業所

特徴・特技

成長の状況

通信制

# 総合的な探究の時間

Point

> 生活の中で問題を見いだし，その解決のために課題を作りだし，多様な人や文化を受容しながら，課題の達成に向けて努力ができる姿を見つめてください。

**研究や探究活動の手順を理解し，進めることができた生徒**

日頃から社会の事象に興味をもち，その疑問に関して仮説を立て，検証を行い，自分なりの考察を立てることができた。

**生活の中で感じ取ったことから生活環境での問題を見いだそうとした生徒**

身体的な感覚を使った生活の中の違和感から環境問題を見いだし，自分でなすべき課題を作りだした。

**生活の中から追究すべきテーマを協働で見いだそうとした生徒**

これまでの学習活動を基に，生活の中での身近な出来事から追究すべきテーマを設定し，テーマに沿った検証の方法を班員と共に模索し，考案した。

**チームで実験からデータを集積し，検証することができた生徒**

実験を行う中で，失敗と修正を繰り返しながらも地道にデータを集積し，検証を試み，班員と意見交換しながらそれらをまとめ，発表することができた。

**課題に対する一般化された情報を書籍の中に見つけられない生徒**

これまでの自分自身の生活や学習経験を基に解決すべき異文化で生じる認識の違いについて取り組もうとした。

**地域でのフィールド活動で多様な視点から資料を収集することができた生徒**

地域の散策で，姿勢を変え，視点の位置を変化させることで，多様な他者の見え方からの気付きを収集し，まとめた。

**日々の学習の記録によって自身の経験を振り返る習慣のついた生徒**

取組の過程をポートフォリオに綴じていくことで，日々の学習を記録し，自身の経験を振り返る習慣がついた。

**これまでの学習活動や先行研究から仮説を導き出した生徒**

自分が抱いた疑問に対して，様々な先行研究を調べることで，検証可能な仮説を立てることができた。

**探究活動に真摯な態度で取り組んだ生徒**

班員と協力し，探究を進めることができ，発表の際に，質疑応答にも真摯な態度で答え，研究を深めることができた。

**学んだことを，根拠をもって説明ができるようになった生徒**

学んだことを，次第に文章で表現することができるようになり，根拠をもった説得力のある文章が書けるようになってきた。

### 科学的な根拠をもって自然との関わりを楽しもうとした生徒

友人と共に集めた石を，色や形状等を基に分類し，分類の根拠について新たな価値を見いだし，見いだした価値に科学的な裏付けを探そうとした。

### 多様な視点から推論を組み立てて発言し，議論を活性化させた生徒

チームで課題の達成方法を思考する際，現在考えるべき課題を，異なる視点や方法を推測し，仲間に投げかけ議論を活性化させた。

### 収集したすべての資料の価値に軽重をつけずに検討しようとした生徒

集めてきた多くの情報や状況に，軽重をつけず，すべての価値について個々に検討をすることで思考の幅を広げた。

### 自身の課題への価値の広がりを教科・科目の枠を超えて実感できた生徒

自分自身に納得がいくまで幾度も課題を設定し直し，最終的に教科・科目の枠を超えて探究する価値があるものを見つけることができた。

### 自身の課題を繰り返し省察し，再設定を繰り返した生徒

１年間かけて幾度も課題を設定し直し，最終的に自分と関わりが深く，深く掘り下げる可能性があるものを見つけることができた。

### 難しい課題でも現在の知識や理解で思考し，今後の課題にできた生徒

解決の道筋を見つけるのが難しい課題に対しても，現段階での最適解，納得解を見いだし，また今後の課題を明らかにすることができた。

### 自ら問題や課題を見いだせなかった生徒

常に共感的な姿勢で友人やチームメイトの疑問や問いに耳を傾け，意見や思いを受容しながら，自身の課題へと向かった。

### 協働による成功体験を積み上げることができた生徒

他の人の協力を求めたり，多くの人を巻き込んだ活動を続けたりしていく中で，協働によって，小さくとも確かな成功体験を積み上げていくことができた。

### 教科横断的な探究の過程を経ることができた生徒

複数教科の見方・考え方を活用して，課題に対して多面的・多角的にアプローチした結果，協働で課題解決を行う必要性とその価値を見いだすことができた。

### 最終的に課題解決にいたらなかった生徒

課題に対する情報を収集して整理・分析する過程で，新たな課題を設定する経験を重ねて，粘り強く課題と向き合う力を身につけた。

### 適切な課題を設定し探究に取り組むことができた生徒

社会における自己の在り方を理解し，年間を通して取り組むことのできる課題を設定し取り組むことで，探究を重ねる姿勢を育成することができた。

# 特別活動

> 特に行事等ではどのようにクラスの一員として振る舞っているかを見ることで，生徒のリーダーとして，相互扶助として将来の共同社会への意識の高まりが感じられます。

**委員長やホームルーム委員等でリーダーシップを発揮した生徒**

委員長としてクラスがめざす方向性を明確に示すと共に，協力者を通してクラス全体への浸透を図るなど，リーダーとして必要な技術を身につけた。

**クラス替えなどで，新たな役割を担うことになった生徒**

クラスメイトからの推薦を受けて引き受けた役割に対して，前向きに取り組むことで新たな自分の可能性を発見することができた。

**修学旅行委員の生徒**

修学旅行委員として，他の生徒と協力し，それぞれの自主性を重んじた有意義な活動となるよう工夫して計画を立て，成功に導いた。

**地域ボランティア活動に参加した生徒**

地域貢献活動に積極的に参加し，ごみや空き缶の回収に取り組み，地域の美化に貢献することができた。

**合唱コンクールのパートリーダーとして活躍した生徒**

文化祭の合唱コンクールにおいて，パートリーダーを自ら進んで行い，クラスの優勝に大きく貢献した。

**体育大会でクラスに貢献しようとした生徒**

体育大会の個人種目において優勝し，クラスに大きく貢献した。この日に向けて，熱心にトレーニングした努力が報われた。

**球技大会でフォロアーシップに優れた一面を見せた生徒**

球技大会に取り組む中で，受動的で行動が遅れがちなクラスメイトに目を向け，共に行動することで，クラス全体が方向性を揃えて活動する手助けを行った。

**積極的に他の生徒と関わることができた生徒**

多くの人との関わりを通して，それぞれの個性と価値観を認め，協働で活動するために必要な心配りを実践し，周りの生徒の模範となった。

**ふれあい育児体験で社会での支援の在り方について学んだ生徒**

ふれあい育児体験を通して，特別な配慮を要する子どもの育ちの支援意義と課題について考察を深めた。

**地域探索で協働の意味を理解し，社会への発信をしようとした生徒**

自分自身にできることや，他者の得意を合わせて，チームとして何ができるかを考えて，社会に向けての提案を考えた。

### 仲間との活動の中で，自身の未来への展望をもつことができた生徒

自己の将来，地域の未来の希望のために必要な情報収集を行い，地域貢献でできることを発信しようとした。

### 主体性に気が付き始めたような生徒

自己理解に積極的に取り組み，グループ討議で他者の意見を取り入れることで主体的に自己の在り方を考えようとすることができた。

### 他者との関わりの中から自己理解を深めることができた生徒

他者の意見を尊重し，他者に受け止められている自分自身の姿や態度を友達の言動から丁寧に整理し，深く検討する姿が見られた。

### グループでの体験的な活動から自己肯定感を高めた生徒

グループでの体験学習を通じて自信をつけ，自己肯定感を向上させた。自分がどのように成長したかを示すことができるようになった。

### ホームルーム委員をしていなかった生徒

ホームルーム委員ではなかったが，行事の前の話し合いには積極的に参加し，建設的な意見を出し，クラスでの活動を盛り上げた。

### 積極性はないが協力できる生徒

体育祭において，クラス内のメンバー決めや打ち合わせなどに最後まで参加し，決まった内容について協力して取り組んだ。

### 発言が苦手だが思いやりのある生徒

校内行事でクラスでの打ち合わせなどでは自己主張が控えめであるが，他者の感情に寄り添い行動することができた。

### 自ら討議に参加できない生徒

クラス討議などにおいて，周囲の言動をよく観察し，自己の在り方や協力する姿勢を模索し，仲間と時間を共有することができた。

### 積極的に人と関わろうとしないが，自己の役割を果たす生徒

何気なく教室の整理整頓を図るなどの活動を行うなど，集団の中で個々が果たすべき責任を理解し，よりよい共同生活を送るための実践を行った。

### 行事の最後の掃除や片付けまで丁寧に行った生徒

体育大会や文化祭の後の片付けでも，クラスごとの場所だけでなく，共有場所のごみ処理や，グラウンドの整備など，最後まで残って尽力した。

### 文化祭でクラスのメンバー全員が何かのリーダーであることに気付いた生徒

文化祭等行事を進めるときに，チラシ，衣装，舞台等，それぞれの役割で全員が何かのリーダーとして活躍することを理解し，互いに任せあえる関係を作ろうとした。

特別活動

行動

進路指導

資格／事業所

特徴・特技

成長の状況

通信制

# 生活態度・健康管理

Point

生徒の一日の姿を見つめることで，わかることが多くあります。朝の姿と下校の姿がどのように違っているかでその生徒の心と身体の健康を見ることができます。

### どのような相手でも大切に接することのできる生徒

教師だけでなく同輩・先輩に対しても丁寧な言葉遣いで礼節を守って接するなど，相手を大切にするコミュニケーションに努めた。

### 学校活動すべてで一生懸命活動している生徒

授業の他，始業前・放課後の補習や部活動も休まずに参加するなど，常にできる限りの力を発揮して自己成長を図っている。

### 健康維持・管理に積極的な生徒

自主的に健康観察や行動記録を継続すると共に，教室の換気や消毒にも気を配って健康維持に努めている。

### 生活の中で良い習慣を身につけた生徒

習慣は第二の性，とアリストテレスは言ったが，人に出会ったときの会釈や，挨拶などの習慣で良きエートスを身につけている生徒である。

### 小さな努力を積み上げられた生徒

水滴りて石を穿つ。こつこつと小さな努力を積み重ねて大きな成果をあげた。これからの生き方にも期待をもたせる生徒である。

### 強い意志で自身の生活をコントロールできた生徒

主体的に生活をコントロールすることができ，健康な体調維持に気を遣い，体力，気力が充実していたことからも，安定した意欲で学習に臨むことができた。

### おとなしくやや活力のない生徒

おとなしく，クラスの中で目立つことはないが，思慮深く，常に慎重に行動することができた。

### 頑固で自分の意見を曲げようとしない生徒

その場の雰囲気や感情に流されることなく，自分の意見に自信をもち，貫き通す意志の強さをもっている。

### 控え目で目立たない生徒

教室内で目立つことを好まないが，自分に与えられた役割に真摯に取り組み，その責任を果たすことができた。

### 社交的で，友人が多い生徒

コミュニケーション能力が高く，友人も多い生徒であり，多くの人との関わりの中で自らを成長させることができた。

### 落ち着いた生活を送った生徒

情緒が安定しており，何事にも余裕をもって対応することができ，他者に対しても常に穏やかな言動であった。

### 食事と睡眠を十分にとった生活を送っていた生徒

食事や睡眠に気を配り，安定した生活のリズムを作り上げ，心身共に健康的な日々を送ることができていた。

### 地域の活動に積極的に関わろうとしていた生徒

クラス行事や学校行事だけでなく，ボランティアや地域の行事にも積極的に取り組もうとする姿勢がうかがえた。

### 身だしなみと節度ある態度の生徒

清潔感に溢れる振る舞いや，常に端正な身だしなみを心がけると共に，節度ある行動に努めることができていた。

### 場に応じた挨拶などができる礼儀正しい生徒

相手の表情や感情を瞬時に読み取る力に優れ，マニュアル化されたものでない，その場にあった礼儀で人に応対することができる。

### 積極性に欠ける面がある生徒

集団の雰囲気の変化を読み取ることに長けており，集団の中での自分の立場を踏まえながら自身の行動を決定するよう心がけている。

### 自身のスケジュール管理ができていた生徒

手帳を熱心に活用することでスケジュール管理が身につき，いつも余裕をもって行動することで時間を守ることができた。

### 服装・身だしなみが整っていない生徒

見た目には拘らず，自身の生き方に強い信念を持って生活を送っているため，周りの影響を大きく流されず，安定して生活を送ることができた。

### 生活のリズムが不安定な生徒

学校生活において，周りの状況に合わせて活力あふれる行動し，他の生徒の日常の中に新しい考え方を常に提供できる存在であった。

### 目標に向けた努力の原動力が安定した生活習慣にある生徒

基本的な生活習慣が身についており，なおかつ自分なりの考えをしっかりもっているため，自己の目標を常に作り，達成に向けて日々努力することができた。

### クラスでの生活環境の維持に努めることができた生徒

毎日の掃除をクラスの皆が気持ちよく暮らせるように精一杯取り組み，そのような真摯な態度が級友から共感されている。

各教科・総合

特別活動

行動

進路指導

資格／事業所

特徴・特技

成長の状況

通信制

# 自主・自律

> 主体的な学びや，思考や判断は生徒の生活の中にも見られます。自分自身で決定し，
> 他者に依存せず，計画を立てて，その達成に向けて進もうとする姿を捉えたいです。

### 自主・自律に向けて努力しようとした生徒

自分でできることと，他者から指示によることを，状況に応じて明確に判断し，工夫を凝らしながら判断したことを精一杯頑張ろうとした。

### 自主・自律への意義の理解ができている生徒

学校生活でのすべての場面において，すべきことを自己決定し，友人からのアドバイスに感謝しながらも，自分自身の規範に基づいて実行していた。

### 自分で決めたことを主体的に取り組もうとした生徒

自分でしたいと思えることを，ICT の活用や，様々な書籍の情報から模索し，自分の生き方として実行しようとした。

### すべて自分で判断し，その行為にも責任をもとうとした生徒

自分が学ぶべきことや，自分ですべきことを自分自身で判断し，自分の責任において，他者の意見を参考に行動しようとした。

### 周りの雰囲気に流されず，自分の意志で行動できる生徒

安易に周囲の雰囲気に流されることなく，よく考え自らの意志に従って行動することができる。

### 課外活動と学習活動を両立して生活を送ろうとした生徒

部活動との両立を図りながら，時間を調整し，自ら立てた計画に従って学習に取り組むことができた。

### 自らの将来についてしっかり考え，努力できている生徒

将来の目標をきちんともち，なりたい自分像の実現に向けて，学校生活のあらゆる場面で努力し，成長できた。

### 学校生活の中に目標を見いだし，達成に向けて努力した生徒

自分の目標実現に向け，生活が計画的で，規則やきまりは確実に守り，堅実な高校生活を送っている。

### 自律心が大きく，自尊心が強い生徒

保護者や教師からの指示に頼ることなく，自らの意思をしっかりもっており，一人の大人として扱ってほしいという気持ちが強い生徒である。

### 感情をストレートに表す生徒

喜びなどの感情を集団に先んじて表に出すムードメーカーだった。悩んだ時には素直に周りに相談し，助力を得る術を身につけている。

**リーダー役に向いている生徒**

自ら進んでクラスの役割を担うなど，率先して行動をとることができる。周りからも頼りにされることも多く，協働作業では中心的存在となることが多い。

**ある場面において強みを示すことができた生徒**

控え目な性格のため，通常は目立たない役回りとなる場合も多いが，合唱コンクールでは自身の強みを発揮し，周りを引っ張って活動することができた。

**校則と自身の生き方を思考，調整しながら学校生活を送った生徒**

校則やマナーに対して自らの考えと照らして学校生活での本質を理解し，自分の意志で行動を判断することができた。

**他者の仕事に自分ができることとして関与しようとした生徒**

クラス内での行事の準備において，自らの役割だけでなく他の役割を理解し，自分自身のできることとして手伝いを買って出ていた。

**自律のある生活が送れない生徒**

日々の弁当や衣類の準備に対して家族の支援や愛情に深く感謝しつつ，自分のすべき学業，部活動に邁進することができた。

**主体的に自分の行動を決めることができない生徒**

家族や指導者，友人の意見を尊重した上で，自分自身の判断を行い，仲間と寄り添いながら活動を行うことができた。

**主体的に学習活動に向かえた生徒**

現在の自分自身に必要な学習は何かを考え，図書館やICT等で必要な情報を収集し，教科での学力とは異なる学びに向かうことができた。

**知識・技能を生活につなぐことが困難な生徒**

課題の認識やリソースの発見・活用について，これまでの学習による知識や体験を生かしながら課題解決のための試行錯誤を重ねている。

**高校生としての社会での役割を自覚して活動しようとした生徒**

自分自身の立場を弁えた上で，ボランティア等の支援活動やクラウドファンディングなど社会でできることを考え，実行した。

**社会の規範やルールに反発していた生徒**

制服の着こなしなどの社会風潮を批判的に捉え，自分の生き方では何を大切にするかを自分自身で決め，自分の考え方も律しながら生活を送った。

**新しい同好会を立ち上げ，自律的な運営ができた生徒**

自分の考えを形にするため，これまでになかった演劇同好会を立ち上げ，新しい仲間がそれぞれの立場や考え方で同好会に関われる自律的な集団を作り上げた。

各教科・総合

特別活動

行動

進路指導

資格／事業所

特徴・特技

成長の状況

通信制

# 責任感

Point

> 時間や約束を守ることは，社会生活を営む上で大切なことです。クラスや集団の調和をうまくとりつつ，自分なりの責務を果たそうとする姿勢を見つめてみましょう。

### 約束や時間を守る生徒

約束や時間をしっかり守る責任感があるので人望が厚い。自分の中で決めたことに関してもその実現に向けて精一杯取り組む姿勢で臨んだ。

### 誠実で責任感が強い生徒

誠実で責任感も強く，何事にも全力を尽くすため，他の生徒からも信頼が強く，仕事を最後までやり抜くことから，安心して仕事を任すことができる。

### 約束の時間の数分前には必ず集合できた生徒

決められた時間を守り，約束の時間の数分前には必ず集まり，終了予定時刻には終われるよう集団の中で配慮ができた。

### 自分のやるべきことに対して責任をもとうとした生徒

自分のやるべきことに対して責任を果たそうという気持ちをもち，自分の言動と結果に自分で始末をつける覚悟をもって行動した。

### 言い訳や責任転嫁をしない生徒

自分の活動について，どのような結果になろうとも決して言い訳をせず，責任転嫁しない姿勢で臨んでいた。

### ミスをしてもそれを隠さず報告をして，責任をもって対策を提案した生徒

委員会の仕事や部活動でのミスもごまかさずに認め，その修復，改善に向けた新たな提案を，責任をもって行った。

### 頼まれた仕事でも当事者意識をもって遂行しようとした生徒

頼まれたことでも，途中で投げ出してしまわず，しっかり自分でやり遂げようという当事者意識をもって取り組むことができる。

### どのような状況であっても約束を守ることができる生徒

提出物や委員会の仕事などの他者との約束を，困難な状況であったとしても，工夫を凝らして守ろうとした。

### 苦手なことであっても何事も責任をもって取り組む生徒

頼まれたことが，自分が苦手とする内容や活動であっても，決して投げ出すことなく，最後まで使命感をもって取り組むことができた。

### 自分の責任でチームの方針を決定できた生徒

様々な意見を取り入れながらも，自分責任においてチームや全体の方針を決定していくことができた。

### 背中で人を引っ張ることができる生徒

自身の行動に責任をもち，自ら率先して実践することができる。目標実現に向けて高い集中力を発揮し，友人らの範を示すことができた。

### 委員会や当番の仕事への確認ができる生徒

委員会や当番の仕事の割り当ての確認に余念がなく，そのため，少ないミスで最後まで抜けることなくやり遂げることができた。

### わからないこと人に聞き，確実な遂行ができる生徒

与えられた役割について，わからないところを人に聞くなどして仕事の細部まで確実に果たすことができた。

### クラスの一員としての自覚をもって活動ができた生徒

クラス内で決まったことについて，クラスの一員としての役割と受け止め，最後までやり遂げることができた。

### 合唱コンクールで自覚をもって活動できた生徒

合唱コンクールでは，全体の一人であったとしても，自分の役割を自覚し，自分のなすべきことについて楽しみながら誠意をもって果たすことができた。

### 陰の存在として目立たない仕事を責任をもって遂行した生徒

クラスの仲間に気付かれないような内容の仕事でも，目標に向け粘り強く努力を重ね，自己の仕事として最後まで果たそうとする姿を見せた。

### 他人の行動を正すより，自分でフォローする傾向がある生徒

集団の一員として規律ある行動を取ることができた。献身的な意識が高く，自己犠牲をいとわず，友人たちのミスをさりげなくカバーすることができた。

### 責任をもって行動ができない生徒

自分のできること，仲間のできることを理解した上で，クラスメイトやチームメイトを信じ，成功を信じて全面的に任せることができた。

### 時間を守ることができない生徒

学習や課外活動，部活動などを始めると時間を忘れるほどに熱中し，自身の興味あるものを深く追究することができた。

### 他者の言動に対して厳しい生徒

他者の意見に惑わされず，自身の言動に責任をもち，信念に基づいてチームの成功に向けて努力ができた。

### 自分のことに集中し，周りの状況が把握できない生徒

目標を設定し，その達成に向けて，どのような状況であってもクラスメイトを自分なりの方法で支えながら一生懸命に努力した。

# 意志の強さ

Point

> 生徒に見る意志の強さは，自分のことを信じる姿や，先を見通せる学びの姿，そして
> 強く忍耐している姿などから感じることができます。

### 小さな目標をコツコツ積み上げて努力した生徒

家庭学習でも部活動でも，小さな目標を設定し，長期間繰り返し積み重ねて，良い
成績につなげる意志の強さを見せた。

### 忍耐力が強い生徒

部活動での辛いトレーニングであっても，自身の向上のため，歯を食いしばりなが
ら最後までやり続けた。

### 自分の気持ちを大切にできた生徒

周りの意見や視線に気をとられることなく，自分の意志や気持ちに従って活動する
ことを一義において生活を送った。

### 自ら立てた学習計画をやり遂げた生徒

進路希望に合わせ，自ら立てた計画に従い，一日も休むことなく日々の学習を継続
させることができた。

### 自身の能力を自覚して今の自分にあった達成目標を立てた生徒

班活動では，友達の意見などから，自分の今のできることを自覚した上で，目標を
立て，達成に向けて努力ができた。

### 単独行動もいとわない生徒

他人に流されずに行動する強い意志をもつ。探究心が旺盛で集中力があり，一心不
乱にものごとに取り組むことができる。

### 柔軟な思考をもちつつ自身の信念を強くもった生徒

信念をもって行動するが，学べば則ち固ならず，で自分の信念を絶対視せず，必要
に応じて修正していく柔軟さがある。

### 物事に柔軟に対応できる力をもった生徒

温和で落ち着きのある性格である。また，他者の意見を聞き入れ，それを生かす柔
軟な思考力があり，集団のまとめ役として力を発揮することができる。

### ややもすると，とっつきにくい印象をもたれてしまう生徒

朴訥とした人柄で，それゆえクラスの中で目立つタイプではないが，俯瞰的な視点
から発せられる彼（彼女）の言葉を参考とする者は多い。

### 課題研究で自身のテーマに沿って研究をやり遂げた生徒

課題研究において，自ら進んでテーマを設定し，チームメンバーと必要な情報収集
に苦労しながらも最後までやり遂げた。

### 学習目標に強い意志をもって臨んだ生徒

小テストなどの取組で，自ら進んでやろうと決意してからは満足のいく取組を継続することができた。

### 学校行事の役割に率先して関わり，やり遂げた生徒

行事での役割では自らやってみたいことに立候補し，成功に向けて最後まであきらめずに取り組んだ。

### 自己を理解し，何事にも積極的に取り組める生徒

自己を見つめ，自己を理解した上で，何事にも積極的に取り組み，自己を向上させようとする姿が好感をもてる生徒である。

### 多様な興味関心をすべて自身の成長に結びつけることができた生徒

多くのことに関して興味関心をもち，自己の成長に結びつけて考え，努力を重ね続けることができた。

### 他者との誠実な関係を続けることができた生徒

誠実な態度で友人と接することができ，相手の気持ちを考えた上で，互いの良い関係を続けつつ，自分の立てた目標に向かい根気強く努力することができた。

### すぐに飽きてしまう生徒

一見，多くのことに手を出すがいずれも「三日坊主」で長続きしないが，旺盛な好奇心と短期間で適性を見極める力があることを示している。

### 一見，意志が弱いように見える生徒

見かけは柔和に見えるが，内面は意志が強く頑固で，自分で決めたことは最後までやり遂げる意思の強さがある。

### 機転を利かせて他の手段を効果的に使えない生徒

自己肯定感が高く，文化祭での設営，準備などでは自分の決めた方法を信じ，その方法で最後まで作り上げた。

### 気が強く見える生徒

人の意見に合わせるのではなく，自分の意見を主張するが，自身の言葉に最後まで責任をもって，全員が納得のいく班活動での発表をすることができた。

### 先を見通しての活動の提案をした生徒

特別活動でチームに分かれて地域貢献の検討では，地域の取材を通して，メンバーが期日までに努力してやり遂げる提案ができた。

### 大きな目標をやり遂げることができない生徒

自分の達成目標をさらにスモールステップのように小さい目標を立てて努力するが，小さい目標が達成されるごとに新しい目標を生み出すような計画を立てた。

# 明朗・快活

Point

> 明るく朗らかな表情は，充実した学習や学校行事，課外活動を送っている姿の一部が
> 見えているものです。表情だけでなく，明朗，快活な活動の姿を捉えたいです。

### いつも笑顔の生徒

人との対応には自然な笑顔を絶やさず，言葉だけでなく表情からも他者に安心感や，信頼できる人柄を伝えることができた。

### いつも元気ではつらつとした生徒

日々の生活を常にはつらつとした声と，喜びが身体全体から溢れるような姿勢で過ごし，クラスメイトや教員にも，元気な挨拶から接することができていた。

### スポーツが好きでクラスの士気を高めた生徒

スポーツ好きで行動力があり，体育大会や球技大会など体育行事で場を盛り上げ集団活動の士気を高めた。

### 文化的な行事に前向きに取り組んだ生徒

歌唱や楽器演奏を得意とし，文化祭のステージ発表や合唱コンクールに積極的に参加して活動に活気を与えている。

### ユーモアで集団の雰囲気を作った生徒

軽快で飾らない言動やさりげないユーモアが雰囲気を和らげ，自然に人が笑顔で交流する場を作りだしている。

### 周囲に居心地の良さをもたらした生徒

人への接し方に別け隔てがない。側にいるだけで安心できる，周囲に落ち着きとしっとりとした居心地の良さをもたらした。

### 広い心をもっておおらかに人と接する生徒

人間関係でトラブルとなっても，小さなことにこだわらないおおらかさがあり，また，嘘やごまかしがないため早期に改善に向かう対応ができていた。

### すべての頼まれごとを誠意をもって対応できた生徒

何を頼まれても嫌な顔を見せず，誠意をもって受け入れ，対応できるため，接する者をすがすがしくさせる生徒である。

### 充実した生活から行事を楽しむことができた生徒

自分なりの目標を常にもつことで，日々の学校生活を充実させているため，楽しみながら積極的に行事に参加できていた。

### 積極的に友人と関わることができる生徒

明るい性格で，友人たちと共に行動し，グループ活動では前向きな意見を示すことができた。

**いくつかのグループをつなぐ役割をしている生徒**

親しまれやすい性格で多くの友人に恵まれているだけでなく，積極的に人に関わって集団を形成することができた。

**明朗快活な友人の陰に隠れてしまいがちな生徒**

慎重な性格であり，落ち着いて行動する。他者からの忠告を謙虚に受けとめたり，友人の言動を参考にしたりして，自分の行動に生かすことができた。

**困っている仲間に明るく声をかけることができた生徒**

教室ではいつも元気に振る舞い，仲間の様子が暗い時も，努めて声かけをしていくことができていた。

**元気な発言によってクラスの雰囲気を良い方向に変えることができた生徒**

生き生きと元気に発言することができ，停滞気味のクラスの雰囲気を前に進めるきっかけを作ることができた。

**仲間の気持ちを代弁し，集団での意欲を高めた生徒**

明るく公正な態度であり，仲間の気持ちを察して，言い難いことも代弁して問題の解決に尽力した。

**社交性が高く，多くの仲間を作ることができた生徒**

社交性に富み，すべての級友と分け隔てなく接するため友好関係が広く，クラスを明るい雰囲気にしている。

**明るくどのような活動でも率先して参加しようとする生徒**

学校の行事や清掃活動でも明朗で積極的に活動できた。また態度がはきはきとしており，誰からも好感をもたれている生徒である。

**寡黙な性格の生徒**

寡黙な性格であるが，グループでの活動が停滞した時などには，ユーモアに富んだ発言をして，グループの友人に親しまれている。

**周りの状況を考えずに行動する生徒**

いつも，天真爛漫に明るく，朗らかに自分の考え方や生活のペースに基づいて行動した。

**周りの状況を考えずに発言する生徒**

周りの雰囲気や，意見に流されることなく，自分の感じたことを素直に他者に伝えた。

**教員や仲間から叱責を受けたとしても気に留めない生徒**

どんなに苦しい状況であったとしても，明るく前向きに現在の状況を捉えようと努力をしていた。

各教科・総合

特別活動

行動

進路指導・資格／事業所

特徴・特技

成長の状況

通信制

# 真面目・誠実

> 真面目や誠実な姿勢は，一見生徒の言動に表れるように感じますが，時間をかけてゆっくりと一人の生徒を観察すると見えてくることも多いです。

### どんなことにも真面目に一生懸命に活動する生徒

学習活動，課外活動ともに自分自身の目標の達成のためや，他者からの期待に沿うために精一杯の努力ができた。

### 誠実さが感じられる生徒

自分の利害にとらわれることなく，公平な態度で行動することができ，物事に対する誠実さが感じられた。

### 人との調整力に優れた生徒

素直さや謙虚さをもち，物事を実行に移すまでの過程において必要な心配りを行うことができた。彼（彼女）に感謝の言葉をかける友人は多い。

### 誰に対しても真心をもって接することができた生徒

誰に対しても自分の考えや思いを偽ることなく丁寧に伝おうと努め，真心をもって人に接した。

### 学校生活の役割を丁寧にこなした生徒

学習や部活動・委員会活動をはじめ清掃・日直などの役割などを丁寧にこなし，穏やかな中にも集団の雰囲気を引き締めていた。

### 自身の気持ちや考えを偽らず伝える生徒

正直に自分の非を認める姿勢や，誰に対しても自身の気持ちや考えを偽らず飾らず丁寧に伝えようとすることから，周囲の信頼を得ている。

### 心配りを伴った対応ができた生徒

教師や友人からの頼まれごとに対して，相手を思いやった細やかな心配りができ，丁寧な対応がとれた。

### 廉直な姿勢で生活を送った生徒

私利私欲がなく，自分の理想とする状況のために曲がったことをせずに一生懸命努力ができた。

### 自分の納得がいくまで取り組めた生徒

学習に対しても，日常の問題に対しても，自分の納得のいくまでその課題や問題に取り組むことができた。

### 誠実な態度で人と接することができた生徒

基本的な生活習慣が身についており，誠実な態度で人に接することができ，他の生徒の模範となった。

## 安心して仕事を任せることができた生徒

温厚で，真面目で協調性に富んでおり，任されたことは責任をもって最後までやり抜くので，安心して仕事を任すことができた。

## 自己にも他者にも厳しく律することができる生徒

芯が強く，自分で目標を定めて忍耐強く物事に取り組むことができる。自身が規律正しく行動するだけでなく，周りの友人の行動を正すことができる。

## 礼儀正しく，会釈，敬語など他者に敬意を伴った対応ができた生徒

誰に対しても，礼節を弁え，自身の立場を考え，挨拶や振る舞い，言葉への配慮などの対応が自然にできていた。

## 他者が手を抜きそうな場面でも一生懸命に取り組むことができた生徒

頼まれた種々のアンケートや感想文などにおいて，手を抜くことなく，いつも時間をかけて真剣に取り組むことができた。

## 陰口や悪口を言わず間違ったことだと感じたことに対して嫌悪感を抱く生徒

決して，悪口や陰口を言わず，嘘やごまかしに対して嫌悪感を示し，誰であっても真剣に向き合おうとすることができた。

## 生活の中で学んだことを真摯に受け止めることができた生徒

言われたことや学んだことを真摯に受け止め，些細なことも本気で取り組み大きな成果につながった。

## 明るく快活ではないが，誠実な対応ができる生徒

能言ならざれども，不言を能（よ）くす。明朗・快活ではないが，それが必ずしも良くないわけでない，と改めて感じさせてくれる生徒である。

## 必要以上に考えてしまい融通が利かない生徒

徹底して物事の本質を捉えようと思考し，その上で強い信念をもって生活を送ろうとした。

## 物事を一人で抱え込んでしまった生徒

他者からの人望が厚く，頼まれたこともすべて全力で取り組み，仲間や家族の幸福に向けて努力ができた。

## 友達の冗談を冗談として受け止められない生徒

友達からの言葉を信じ，常に真摯に耳を傾け，それらの言葉のために全力で応えようとした。

## 間違ったことを素直に謝罪できる生徒

自分が誤って理解していたことや，生じた齟齬について，言い訳をせず，素直に謝罪し，より良い人間関係を保つことを心掛けていた。

各教科・総合

特別活動

行動

進路指導

資格／事業所

特徴・特技

成長の状況

通信制

# 思いやり・優しさ

Point

思いやりは他者に対して，優しさは動物やモノ，そして自分自身に対しての愛情や大切にしようとする思いで，行為やしぐさとして見えてきます。

**すべての人を尊重できる寛容さ，度量の大きさのある生徒**

相手を優しく包み込む寛容さ，自分と異なるものを尊重してその意見を聞こうとする度量の大きさがある。他者を責めない心の広さがある。

**友達のどのような困りごとにも率先して働きかけることができた生徒**

忘れ物や言葉によるトラブルなど，大小に関わらず，クラスの仲間が困っていた時に率先して声をかけたり，傍に寄ったりなどの働きかけができていた。

**聞き上手な生徒**

聞き上手で，いつも友人の話を表情豊かに聞きつつ，相手の気持ちに共感することができる。

**相手の気持ちを汲み取る感性にすぐれた生徒**

価値観の異なる他者と協働できる。相手の気持ちを汲み取る感性にすぐれ，誰に対しても優しく思いやりをもった態度で接することができる。

**相手のためにきちんと指摘ができる生徒**

他者に対して，褒めるだけでなく，駄目なことに関しては駄目としっかりと伝えることができる優しさをもっている。

**耳の聞こえにくい友達に先生の説明を横から筆記で示した生徒**

授業中，班活動で騒がしい時の教師の指示などを，片耳が難聴の友達に教師の指示を筆記で示すなどの配慮ができた。

**後輩に親身になって関われる生徒**

部活動では後輩に対して，技術指導を行うだけでなく，注意を促したり，相談に乗ったりとよく面倒を見ていた。

**欠席した生徒への気遣いができた生徒**

欠席している級友へ配布されたプリントやテキストを整理したり，連絡を伝えたりする気遣いを見せていた。

**クラスメイトが孤立しないよう気配りができた生徒**

おとなしく，人と話すことを苦手としている級友に，自ら進んで声かけを行い，その級友が孤立しないよう気配りしていた。

**相手の立場に立って相談に応えられる生徒**

友人からの依頼にはその真意を汲み取って快く承知したり，悩みごとの相談には相手の気持ちになって応えたりすることができる。

**他人のフォロー役に回ることが多い生徒**

おおらかであり，他人の失敗なども温かく許容することができる。周りに明るい雰囲気をもたらすことができる朗らかな人物である。

**協調性に富み，交友関係が広い生徒**

性格は素直で落ち着きがあり，情緒が安定し，周りから頼りにされている。人に対して親切で，協調性に富んでおり，友好関係が広い。

**他者のために行動することをいとわず，前向きに取り組むことができる生徒**

友人たちとともに行動して，楽しみながら物事に取り組むことができる。他人のために行動することを苦とせず，集団の中の役割を着実にこなすことができる。

**友人たちの感情の変化を感じ取り，他者との関係を大切にする生徒**

相手の気持ちになって行動することができる。また友人たちの感情の変化を感じ取り，さりげないフォローを入れることができた。

**頑張っている仲間に応援，声援を送ることができる生徒**

頑張っている仲間や友人の気持ちに共感し，応援したり最後まで声援を送ったりすることができた。

**困っている仲間の心情を全体で代弁しようとした生徒**

困っている仲間の心の痛みを感じ取り，汲み取った心情を周囲に伝わるよう代弁し仲間の思いやりを引き出すことができた。

**思いやりのある性格のためクラスの中心的存在だった生徒**

他人の立場を理解し，思いやりのある行動を行うことで，クラスの中心で集団のまとめ役となっている。

**謙虚に他人の言葉に耳を傾ける生徒**

謙虚に他人の意見に耳を傾けて，その人の立場を理解するなど，思いやりのある行動をとることができた。

**気分屋ではあるが，感覚的に友達を緊張感から救うことができた生徒**

独特の感性から生み出される機知に富んだ発言で，仲間を緊張感から救い，周りの雰囲気を和ませる結果につながっている。

**冗談でからかわれている時にでもさりげなく間に入ることができた生徒**

教室の中で，からかわれている者がいた時でも，さりげなく間に入って話の話題を変えるなどの配慮ができていた。

**複数で失敗を申告し，庇おうとした生徒**

友達がミスをして施設を破損させた時，一緒に教師に謝罪を促し，同時に庇おうとした。

各教科・総合

特別活動

行動

進路指導

資格／事業所

特徴・特技

成長の状況

通信制

# 温厚・温和

Point

> 一見，温厚で温和な生徒は見過ごしやすいです。しかし，表面上わかりにくい心の動きを捉えようとすることで，周りの多様な生徒への視点も違って見えてきます。

### 分け隔てなく誰とでも会話ができる温厚・温和な生徒

温厚・温和な性格で，分け隔てなく誰とでも会話ができるので，級友や部活動の仲間からの信頼が厚い。

### 穏やかな口調で友人の話に耳を傾けられる生徒

友人の話にじっくりと耳を傾け，穏やかな口調で話を進めるので，その対応に安心感があり，誰からも信頼されている。

### 節度ある行動で集団に落ち着きをもたらした生徒

感情が穏やかであり素直な性格である。節度ある行動を他人に示し，集団に落ち着きをもたらすことのできる存在である。

### 他者への配慮があり協調性に富む生徒

控えめな言動と発言は，他人を傷つけないように配慮した繊細さから生じるものである。他者と協力して物事に向き合う楽しさを理解している。

### 自己の感情や行為をうまく統制できた生徒

自己の感情や行動をうまく統制することを学校生活を通じて身につけた。感情的にならずに自分の感情をユーモアをもって伝えることができる。

### 感情の起伏が少ない穏やかな生徒

何事に対しても激しい感情の起伏を見せることがなく，柔和な姿勢で接するので周囲を穏やかな雰囲気で包み込む。

### 他人の欠点や失敗を許す寛容さや包容力のある生徒

他人の欠点や失敗を許す寛容さや包容力がある。「そんなことで怒っても仕方がないでしょう」と人に対して柔和な姿勢で接することができる。

### 誰に対しても穏やかな態度で接することができた生徒

温和な性格で，誰に対しても穏やかな態度で接することができ，和やかな雰囲気を周囲に作りだすことができた。

### 穏やかに周囲への対応ができる生徒

いつも丁寧で落ち着いた態度で行動することができ，学業や部活動で忙しい毎日の中でも周囲への対応をいつも穏やかにできる。

### どのような状況でも感情的にならずに他者と対応ができる生徒

意に沿わない言動を受けても，感情的にならず相手の真意がわかるようになるまで対話をしていくことができる。

### 温厚で思いやりのある生徒

温厚で他の生徒に対して思いやりがあり，気持ちが動揺している仲間にも穏やかに語りかけるなど細かい配慮をすることができるため，級友からの信頼も厚い。

### 温和な口調でしっかりと自身の意見を伝えることができる生徒

温和であるが，しっかりとした自分の考えをもっており，自分の考えに基づいてはっきりと意見を述べることができる。

### 落ち着いて様々な視点から現状を捉えることができる生徒

素直で落ち着きがあり，他者の立場や視点からも状況を客観的に見ようとすることができるため，友好関係が広く，他の生徒から信頼されている。

### 他者のどんな言葉や行為も受容しようとする生徒

友人や教師など，周りの人の意見をいったん受容し，その上で自身の考えをまとめて声をかけようとしていた。

### 自分の意見をはっきりと述べることができない生徒

いつも，周りの人の気持ちを気にかけ，自分の言動で，他者を傷つけたり，状況を悪くしたりすることがないよう配慮ができていた。

### 微笑みを絶やさない生徒

部活動でのトラブルなど，自身に辛いことがあった時でも，いつも微笑みを絶やさず，穏やかな振る舞いで対応できた。

### 思慮深く，周りの人が幸せであるために配慮ができる生徒

拙速に物事を判断せず，周りの友人一人一人が楽しく，幸せにいることができるよう言葉を選んで語り掛けることができていた。

### 聞き上手な生徒

友人の話を，目を見て，頷き，理解を示しながら聞いていた。決して強く主張や反論をせず，「良かったね」，「いいね」など，いつも周りを励ましていた。

### 挑戦的な行動ができない生徒

安定した穏やかな集団生活を送ることができ，新たな提案や，それによって誰かに耳目が集まる可能性のある言動を慎んでいた。

### 他者と比較しない生徒

他者と競うような言動はなく，情に厚く，相手がどのような人であっても，話に親身になって受け答えができていた。

### のんびりとした生徒

どんな状況でも，落ち着いてゆったりとした気持ちで臨むため，発表や，試合の前でも，平常心を保って仲間を支えていた。

# 協調性・協力

> 自分の気持ちと他者の気持ちの両方に素直に耳を傾け，その上で，調和のとれた状況を作るための多様な方法を生徒一人一人からできるだけたくさん見つけたいです。

**聞く姿勢に優れた生徒**

自分とは違う友人の意見に対しても，きちんと耳を傾け，理解を試みる姿勢がうかがえた。

**誰とでも協調できる生徒**

自分の見方にこだわらず，自分と考え方が異なる人たちとも一緒にやっていくことができる。

**他者をよく観察することから集団での判断ができた生徒**

チームの中で，周囲を見て「相手が求めているものは何か」，「相手がどのように動くのか」を考え，自分に求められていることを考えて行動できた。

**学校行事に主体的に参加しようとしていた生徒**

文化祭のクラス発表などで，準備や練習に率先して参加し，皆と楽しみながら協力し，参加しようとしていた。

**自己有用感の高い生徒**

グループ活動や課外活動で誰かの役に立ちたいとの強い気持ちから，率先して誰かが必要と感じた仕事や役割をこなそうとした。

**率先して他者の手伝いができる生徒**

誰か一人のためであろうが，集団のためであろうが，率先して仕事や活動を支え，サポートしようとしていた。

**年度途中で印象の変化が生じた生徒**

人見知りのためか，年度当初は目立つ存在ではなかったが，徐々に友人たちとの人間関係を構築し，クラス行事ではグループの中心となって活躍した。

**自身の主張だけでなく，互いの力を認め合うバランス感覚のある生徒**

周囲と仲良くするだけでなく，立場や主張が異なる者とも円滑にコミュニケーションをとり，仕事ができる。和して同ぜぬ協調力をもつ。

**集団ごとで異なる自分の役割を個別に自覚して協力ができた生徒**

場合によって異なる集団の中で，それぞれの自分の役割を自覚しており，他の生徒と協力することでクラスを良い方向に導いた。

**主体的なグループ活動が苦手な生徒**

落ち着きのある物静かな生徒ではあるが，他者の気持ちを考えた行動をすることができるので級友からの信頼が厚い。

**特別活動で，仲間と一つの目標を立て，達成しようとした生徒**

学校行事の成功に向け，自分の役割やなすべきことを理解し，達成のための方法を級友と協力して模索するなど，着実に遂行することができる。

**一人で判断できず，自立した活動をしなかった生徒**

謙虚な人柄であまり目立たないが，クラスの一員としての役割をしっかりとこなすなど協調性がある。

**他者を否定せず，自分の意見と合わせて考えることができた生徒**

自分の考えをもち，意見として表に出すほうだが，仲間の言動に対して頭ごなしに否定せず，耳を傾け，協調していくことができる。

**行事で作業を集団で進める上でクラスの良い雰囲気を作ることができた生徒**

クラス行事などでは分担された活動の協力を呼びかけ，級友と共にやり遂げようとする姿勢がうかがえた。

**周りの友達の性格や立場に合わせ様々な役回りをこなせる生徒**

積極性の高い生徒が周りにいるため，地味な役回りを演じることも多いが，他者の言葉を引き出して意見に反映させるなど，リーダーとなる資質も兼ね備えている。

**友人を巻き込んでいく力をもった生徒**

やりかけたことは最後までやり遂げるよう，友人たちに働きかけるなど，安易な妥協を許さない，芯の強いところがある人物である。

**誰かのお世話になった時の感謝の言葉が誰に対しても丁寧な生徒**

どんな小さな助力をもらっても，丁寧にありがとうと感謝の言葉を述べることで，協力することや支援することの素晴らしさを周囲に気付かせていた。

**他者に対しての観察力が高い生徒**

友達の様子をよく観察し，ちょっとしたしぐさや言葉から，クラスの雰囲気や自分の言動を常に察し，自分が何をすべきかを判断し，行動に移すことができる。

**クラスやチームで作った目標や象徴を大切にする生徒**

部活動やクラスの行事で，仲間とともに立てた目標や，シンボルマーク，クラス旗など，仲間の象徴となるものを大切に思い，作成に取り組んだ。

**無難な言動のみで生活を送る生徒**

どのような主張の友人とも争わず，異なる意見や立場を尊重し，クラスの中の調和をとりながら生活を送った。

**自分の本心を前に出さない生徒**

本音で語ることをせず，周りへの気遣いの言葉や，相手が喜ぶ言動を考えて誰とでも話ができた。

各教科・総合

特別活動

行動

進路指導

資格・事業所

特徴・特技

成長の状況

通信制

# 勤勉・努力

> 勤勉に努力できる姿勢には，必ず何らかの目標を伴っていると思います。生徒が目標に達した姿を，生徒と一緒にイメージしようとすることから始めてみましょう。

## こつこつと地道に苦手科目の克服をしようとした生徒

早朝や放課後の時間を利用し，苦手科目を克服しようと，問題演習に地道にこつこつと打ち込み，成績で成果が表れた。

## 真摯な態度で学習に取り組むことができた生徒

出された課題は確実に提出し，小テスト等への取組を怠ることなく，真摯な態度で学習に取り組むことができた。

## どんなことにでも一生懸命努力する生徒

学業だけでなく，課外活動や趣味など，どんなことにも一生懸命に取り組むことができるので，周囲から好感と憧れをもたれている。

## 日々の努力からの成果がクラスメイトに認められた生徒

目立つような秀でた成果はないが，日々の努力を重ねることで成果が認められ，クラスでも称賛された。

## 黙々と努力を重ねる生徒

惜しみなく時間を使って資質向上を図る生徒である。主に自分の力を使っていわば泥臭く問題解決を果たしてきた経験が，今後の財産になると考えられる。

## 要領よく成果を出すことができた生徒

時間管理を大切にし，物事に取り組む際には友人から助力を得るなど様々な手段を用いることができる。

## クラス行事等で力を発揮した生徒

人前では努力の様子は見せないが，周りの生徒たちに的確な指示を与えて物事を進める姿から，事前に綿密な準備計画を立てていたことがうかがえる。

## 努力への姿勢により，誰からも信頼をされる生徒

学業でも，課外活動でも目標達成に向け，自分のなすべきことをひたむきに努力し，着実に力をつけ，誰からも信頼のおける生徒となった。

## 明確な目標が努力のモチベーションとなっていた生徒

将来の目標がはっきりしており，その目標達成による誉の姿をイメージし，その姿を目指して日々努力を重ねており，他の生徒の模範となっている。

## 学習することの意義と楽しさを理解している生徒

学習についても，ひたむきに努力を続けることができ，授業中でも自身と仲間の学習活動，グループ活動が活性化するように取り組んだ。

### 与えられた学習課題に対して非効率にこなそうとする生徒

周りから見て，非効率な方法で学習課題に取り組んでいるようだが，自身がこだわりのある学習方法によって目標に到達しようとする表れである。

### 自分の仕事量に不平や不満を述べない生徒

課された仕事について，不平，不満を述べず，全力でこなそうとする。その姿勢が級友への信頼と安心感につながっている。

### 学び合い学習，グループ学習が不得意な生徒

高等学校での自身の学習への考え方に強い誇りをもっており，学習活動への自己肯定感が高い。

### 早朝から毎日一人教室で学習に取り組んだ生徒

毎日早朝から登校し，教室で一人，予習や学習課題に取り組んだ。学習活動が自身の生活の習慣となっており，このような勤勉な習慣が学習成果に反映している。

### 学習仲間を増やしていった生徒

謙虚で勤勉な学習への姿勢や，学んだことを活用した明晰な言動が，他の生徒の学習意欲を高め，学習グループの中心的な存在となった。

### どのような課題も楽しみに変えて活動できる生徒

学習課題等を，友人とのゲームのようにルールを付したり，競争に変えたりして，取り組みやすい状況を生み出して，努力をする楽しさを体現していた。

### 常に満足感を得られない生徒

友人が羨望の目で見る部活動の成績や学業成績でも，いつも満足感，達成感をもたず，自分のこれまでの練習のプロセスの問題点を掲げ続けた。

### 成績や成果に関わらず，希望を語る生徒

友人や，後輩等の身近な人に，成績の好調，不調に関わらず，次の自分の目標と，その目標に達成した時の自分の姿を明るく前向きに語った。

### 努力することに感謝を述べることができる生徒

学習，部活動で小さな努力を重ねることができる状況，頑張れる環境に感謝を述べることができていた。

### 人前で学習成果を発表することが苦手な生徒

自分の学習の努力や頑張りは人に見せず，多くの人の前での学習発表でも，努力を重ねてきたにも関わらず，謙虚に控えていた。

### 失敗を恐れず，挑戦する生徒

部活動でも，次の大会で自分が達成すべき目標を決め，チームメイトや人前で失敗することを恐れず，何度も挑戦し続ける姿勢を貫いた。

各教科・総合

特別活動

行動

進路指導

資格／事業所

特徴・特技

成長の状況

通信制

# 積極性

> 積極的に活動するには何らかの理由があります。自分の信念だけなく，他者との関係，誰かの喜び等，何に基づく積極性かを考えながら生徒の姿を見つめてください。

### 何事にも積極的に関与しようとする生徒

一つのことにこだわらず，様々なことに興味・関心をもつことができ，多様な学習や様々な地域文化に積極的に関わり，取り組もうとする。

### 自分の力をより理解して，すべきことを実行する生徒

自分の長所，短所をよく把握し，誰かの指示を待つのではなく自分でやるべきことを考えて行動することができる。

### 様々な視点からアプローチができる生徒

まずやってみる，うまくいかなければ改善策を考える。正面から挑む，駄目な時は搦手からアプローチする。積極的で，持続力と粘り強さがある。

### 特別活動で意欲的に参加しようとした生徒

球技大会や，体育大会などのメンバー決めの際には，自らの特技が生かせるよう，進んで競技メンバーに立候補した。

### 特別活動では企画から参加し，他の生徒を支えようとした生徒

クラス行事や学校では進んで企画運営に参加し，他の生徒を支え，皆で行事を楽しもうとする姿勢がうかがえた。

### 困難な状況でも前向きに仲間の士気を高めた生徒

困難な課題にぶつかっても，自分や友人たちを鼓舞し，前向きに課題解決に取り組もうとする姿勢がうかがえた。

### 与えられた仕事を着実にこなす生徒

周りの雰囲気を読み取り，クラスや友人のために行動することを嫌がらず，率先して自身の職責を果たすことができる。

### 活動的で集団のムードメーカーの役割を担っている生徒

考えるよりまず行動する，チャレンジ精神に溢れた生徒である。集団に変化をもたらす彼（彼女）の存在や役割を，特別活動等で重視する教員は多い。

### 現在の状況を判断した上で諸活動に積極的に参加した生徒

平生から冷静に物事を判断し，今の状況で最も適切な動きを考えて，生徒会活動やホームルーム活動に積極的に参加し，諸活動の成功に向け，努力した。

### 明るい笑顔で率先して学校行事に取り組んだ生徒

学校行事にいつも明るい表情で積極的に取り組み，活動の楽しさを体現するため，周りの生徒が安心感をもって楽しく参加できる雰囲気を作った。

## グループでのコミュニケーションの輪を広げた生徒

グループ討議やグループ活動に積極的に取り組むので，議論が活性化し，やりたいことのアイデアが増える等，クラス内にも良い影響を与えている。

## クラスの活動の中心として活動ができた生徒

明朗快活で，諸活動においても積極的に参加し，クラスの中心的な人材となっており，他の模範となった。

## 慎重さに欠ける生徒

思い立ったら，すぐに動ける行動力で，学校行事やクラスの活動の先駆けとしての役割を果たした。

## 自分のしたいことや，目的を見いだすことができる生徒

生活の中に見られる変化や状況を敏感に感じ取り，自分のしたいことや，目的に変化させることで，様々なことに積極的な関わりができている。

## 多様な人間関係でのコミュニケーションができる生徒

クラスや部活動内でのコミュニケーション力が豊かで，円滑な集団活動が送れるため，多くの友人から背中を押され，どんなことにもチャレンジできるようになった。

## ボランティアに積極的に参加している生徒

休日や放課後の時間を活用し，近くの福祉施設で高齢者の生活支援や補助を行い，自分自身の生き方の幅を積極的に広げた。

## 地域の文化活動に積極的に参加している生徒

地域の公民館での文化振興を進めるサークルに参加し，コンサートの企画や夏祭りの運営に積極的に関わるなど，地域の魅力創成に尽力した。

## 参加した活動から学ぶことが多様な生徒

挨拶での声の出し方など，ホームステイなどの行事で他者から学んだことを，次の行事で生かすため積極的に参加しようとした。

## こだわりが強い生徒

一つのことに高い興味を示すと，強いこだわりをもち，何度も繰り返し挑戦することができる。

## 主体的ではないが，提案された活動に熱心に取り組んだ生徒

クラスでの活動では，友人から任された仕事について，自身から提案を行うなど，誠心誠意取り組んだ。

## おせっかいな生徒

他者にとって利益があると考えたことについては，どのような状況であってもその人のためにやり通すことができた。

各教科・総合

特別活動

行動

進路指導

資格／事業所

特徴・特技

成長の状況

通信制

# 創意工夫

Point

集団生活の中での創意工夫は生徒にとっても出しにくいものです。自由に面白いアイデアを受容できるクラス経営，授業の中で見ることができる力かもしれません。

## 新たな発想を見せる生徒

自由な発想な意見を示し，集団に活力をもたらすことができる。意見の実現には多くの仲間が賛同し，協力が得られている。

## 文化祭での展示等で貢献した生徒

文化祭の展示作品制作では，身の回りの物を利用するアイデアを提案し，創意工夫して作品を作り上げた。

## 学習活動で学んだことを日常の創意工夫に生かそうとしていた生徒

総合学習で得た問題意識や生活課題を基に，多様な科学的知識やその基礎を支える諸領域の専門知識を用いて主体的に生活の改善・充実の工夫を探究している。

## 夏季の気温が高い特別教室に手製の風鈴をつけた生徒

エアコンが設置されていない特別教室での夏季学習活動に配慮して，仲間と共に風鈴を作成するなど，伝統文化を学校生活に取り入れて改善しようとした。

## 常に新たな問題を創出する意識をもって行動できる生徒

状況の変化に応じて，日直などの日常の業務においても日々改善に努めている。日誌等で見られる彼（彼女）の提案は，機知に富んだものである。

## 自身で感受したことから独創的なアイデアを生み出す生徒

一般化した概念の組み合わせではなく，自分の身体で感じたことを基に思考するため，独創性が高い意見やアイデアを創出できる。

## 時代の変化に対応できる力を見せる生徒

多くの情報に目を向け，その中から必要な情報を自身の行動に生かせる生徒である。彼（彼女）の提案は，物事の本質を踏まえており，多くの賛同が得られている。

## 文化的な活動の時に活躍が期待されている生徒

普段の生活ではクラスへの主張が少ないが，文化祭等の行事では創作活動などで周囲の誰もが納得するようなアイデアを出し，活動に貢献していた。

## 机の並び等，教室の学習環境の改善を提案した生徒

季節で変わる南窓からの陽光に対応して，席替えの際での机の新しい列の作り方，並び方等，環境の変化に応じた生活改善を提案した。

## 日常生活での障壁を創意工夫で乗り越えようとした生徒

通学距離もあり，部活動と勉学の両立に苦労していたが，睡眠や夕食の時間のコントロールや，電車の時間での学習方法等，創意工夫を凝らし両立を実現してきた。

### 生活の中で省察によって向上することができた生徒

自分の目標達成に向け，日々の生活を見直し，足りない力をどのようにすれば補えるかを考えるなど，謙虚な態度で行動することができた。

### ネット上等での危険な状況を，学習し，改善しようとした生徒

家族の消費行動に伴う危険と危機回避のために，法制度について意欲的に学び，リスクマネジメントや適切な意思決定のための実践力を身につけようとした。

### 企画力に優れた生徒

修学旅行の空き時間や，バスの中での過ごし方など，クラスの雰囲気を盛り上げる言動や提案を行い，ムードメーカーとして欠かせない存在となった。

### 既存の校則やルールに対して新しい解釈をもって生活を送った生徒

遅刻を繰り返していたが，遅れてきた分の自分なりの補充を職員室の担当教員に申し入れる等，合理的な方法を提案し，学習活動の確保に努めていた。

### 仲間の困難に対して自分のアイデアを提供し，一緒に改善しようとした生徒

級友が困っている時でも，共にどのように解決するか，どうすれば新しい目標を立てることができるかを考え，よりよい人間関係を作れるように尽力した。

### できないことが起こっても別の方法を模索しようとする生徒

部活動でボールが少なく，大人数での練習が難しい状況であっても，意匠惨憺することで，市内大会で好成績を残すまでになった。

### クラスメイトのもつ資質や能力から活動の方針を考えることができた生徒

諸活動の成功に向け，友達がもっている価値を的確に見抜き，クラスの中でどのように価値を合わせれば何ができるかを考えて活動することができた。

### 破損してしまった掃除道具を修繕して清掃活動をした生徒

劣化した箒が清掃活動中に破損したが，美術室にあった釘と角材を活用して修繕する等，創造的な判断で，状況を好転させることができた。

### 家庭や自身の経済的な課題を主体的に解決しようとした生徒

実生活で直面した経済問題の課題について，家庭科学習等で得た知識を基に経済計画を見直し消費行動の改善に向けて具体的に方策を見いだそうとしている。

### 自分とは異なる意見や考え方を取り込んで新しいアイデアを提案した生徒

総合学習や行事等でのグループ活動で，自分とは全く違う意見をできるだけたくさん探し，組み合わせて，新しいアイデアを作りだす努力を怠らない。

### 集団活動に馴染めない生徒

既存の学校の価値よりも，自身がこれまでの生活で培ってきた価値を優先して，学校生活を送ることに挑戦している。

各教科・総合

特別活動

行動

進路指導

資格／事業所

特徴・特技

成長の状況

通信制

# 勤労・奉仕

> どんな生徒でも，誰かの役に立ちたいと願っています。その願いを誰も見ていないところで奉仕活動として叶えている生徒も少なくないと思います。

### 行事での人から目につかないような仕事を一生懸命に取り組んだ生徒

勤労の精神が旺盛であり，学校行事での裏方の準備や片付けなど，人から目につかないような仕事を率先して取り組んでいた。

### 清掃や日直の日々の仕事を着実にこなす生徒

日々の清掃や，日直の仕事を着実にこなすことでクラスに貢献する姿が，他の生徒から好感がもたれている。

### 人が嫌がる仕事も引き受け，こなす生徒

クラスメイトが避けたがるようなどのような仕事についてもひたむきに取り組み，他の生徒から好感がもたれているため，友好関係が広い。

### 地域のボランティア活動に積極的に参加している生徒

地域のボランティア活動に積極的に取り組み，地域の奉仕の姿勢を学校活動でも見られるようなったため，クラスの雰囲気を良い方向に動かすことができた。

### 誰もが避けようとする役員や係を進んで引き受けた生徒

仕事が多く，誰もが避けようとする役員や係などを自ら進んで引き受け，最後まで責任をもってやり遂げた。

### 校内外の奉仕活動に積極的に参加した生徒

校内の花壇の花植えや校外施設の清掃などの奉仕活動に友人を誘って積極的に参加し，熱心に，楽しそうに活動していた。

### 自己の将来の方向性を模索している生徒

ボランティア活動に多く参加することで，自身のやりたいことが何かを考えるとともに，社会における自己の役割について見つめ直すことができた。

### 水害で自身も被災したが，地域の援助を申し出た生徒

水害で自身の家も増水によって被災したが，地域で倒壊した家の片付けなど，危険な仕事を申し出て，奉仕し続けた。

### 社会参画への意識が強い生徒

登下校中に地域の人々に挨拶する様子から，積極的に人と関わろうとする姿が感じ取れる。自己の学びや経験を，他者に還元する意識が強い。

### 消極的なところが目立つ生徒

他人に遠慮し，主体的には自身の高い能力を発揮しないが，適切な役割に対して，一生懸命に力を発揮する経験を重ねてきた。

### 障害者や高齢者の生活や福祉の学びから社会の一員として自覚をした生徒

多様な人々の各ライフステージにおける課題について理解を深める中で将来を展望し，自分らしい生き方や社会の一員としてのあり方を真摯に模索している。

### 率先して社会の奉仕活動やボランティア活動に参加した生徒

社会での奉仕活動やボランティア活動に関心があり，休日で機会がある時にはいつも参加するなど，地域にできる貢献について日々考えている。

### 社会参画から自分自身の課題を見いだした生徒

高齢者施設でのボランティア活動を通して，医療福祉分野での人材不足の課題を感じ取り，将来，同分野の人材育成が自身の仕事となるよう進路を決定した。

### 一日も休まず募金の呼びかけを続けた生徒

総合学習で，後進国の子どもたちの生活について調査し，彼らのよりよい生活のための募金を自分のライフワークとして，毎日休まず呼びかけた。

### 地域のごみ拾いを毎日行っている生徒

毎日ごみ袋を持ち，通学路のごみを集めながら登下校するサークルを作り，仲間と共に活動を続けた。

### 朝一番に登校し，教員と一緒に教室の清掃に励んだ生徒

他の生徒よりも一本早い電車で登校し，教員と共に教室，廊下の窓開け，モップ掛けを毎日行った。

### こだわって細かいところの清掃をする生徒

清掃の時間に，洗面台やトイレ等水回りの細かいごみや埃，水垢等を丁寧に，こだわりをもって掃除することができた。

### インターンシップで働くことの意義について体験的に学んだ生徒

企業インターンシップの事業先で，社会での礼節，マナー等を学び，給与だけではなく，働くことで，社会や地域の生活や文化を支え，守ることの重要性を学んだ。

### 行事や部活動でいつも力仕事を率先して引き受ける生徒

体躯が大きく，部活動で鍛えた力もあるため，教室移動や部活動で，重たい荷物の移動の必要がある場合など，必ず声をかけて，自ら引き受けようとしていた。

### 最後まで残って，他の人の分の用具の洗浄，片付けを行った生徒

実技教科で使用した用具や材料等を，特別教室に最後まで残って，他のクラスメイトがいたらなかった洗浄，片付けを率先して行った。

### 部活動を引退した後も，後輩のためにグラウンド整備を毎日行った生徒

部活動を引退した後も，雨の後のグラウンドの水たまりに土をかけたり，石をのけたりするなど，毎日，後輩のために整備を行った。

# 正義感

Point

> 生徒一人一人に正義があり，他の人と相容れない場合もあります。しかし，その時の
> ぶつかりを経験することで，本来の公平への理解ができるのかもしれません。

### 公平な人間関係を築くことができる生徒

他人の気持ちや立場をよく理解し，それぞれの人に応じた公平な判断ができる生徒
であるため，級友や教員からも信頼がおける。

### 思いやりと強い意志を兼ね備えた生徒

仲間が困っていたら黙っていられない性格で，自分のことのように解決に向けて行
動する。

### 公平な言動ができた生徒

判断や言動などに偏りがなく，言動に二重基準がない。多様で異質な人々が生きる
現代社会で，公正を意識して物事に対処することができている。

### 自分の意見を自信と信念をもって述べることができる生徒

親しさの度合いにこだわらず，誰に対しても臆することなく自らが正しいと思うこ
とを述べることができる。

### 平等と公平の違いを弁えて周囲の状況を判断することができる生徒

平等と公平の違いがわかる鋭敏な感覚をもって周囲の状況を見ることができる。正
義が行われていることを大切とする価値観をもっている。

### 自己と他者の考え方，生き方をそのまま受け入れる姿勢のある生徒

人前で発言することの苦手な友人の気持ちを汲み取り，代わりに役割を引き受ける
など優しい一面をもち合わせている。

### 優しさをもって他者と対応した生徒

広い視野や，深い思いやりをもち合わせているため，自己と他者をそのまま，ある
がままを受け入れる姿勢がある。

### 自分の成功を自慢せず，他者を悪く言うことのない生徒

他者に気を遣わせるような愚痴をこぼさず，自分の成功を自慢しない。当人がいな
いところでその人の悪口，陰口を言わない。

### 間違いだと気付いた時に正直に認め，正すことができた生徒

集団の意見に流されることなく，間違いに気付いた時には，その誤りを自身で認め
て正していこうとする姿勢がうかがえる。

### 他人の気持ちや立場を踏まえ，建設的な議論を行うことができる生徒

自身が正しいと思うことを，はっきりと論理立てて説明することができる。また，
他人の気持ちや立場を理解し，公正な判断ができる。

**冷静に自分の意見を述べることができる生徒**

常に丁寧な言葉遣いで人と接している。感情に任せて発言する姿は見られず，落ち着きをもたらす存在として，友人からの信用が高い。

**厳しい面を勇敢に示す一方で，物事を楽しむことを第一に生活を送る生徒**

多くの者が能動的に参加することが重要と考えている生徒である。集団を和やかな雰囲気に保つよう努めているが，必要に応じて厳しい言葉も発することができる。

**間違いを指摘する等で級友からの信頼が厚い生徒**

ルールを守り，間違ったことを指摘する等正義感溢れる行動で級友と接することで，級友からの信頼が厚く，友好関係が広い生徒である。

**頑なではあるが，納得するまで話をしようとする生徒**

曲がったことが許せず，周囲の言動や対応について間違っていると感じたら納得いくまで話し合おうとする。

**友達思いであるが，間違っていたなら，嫌われても話をしようとする生徒**

人が困っている時には助けようとする意識が強く，仲間であっても良くないと感じた時には毅然として話し合うことができる。

**頑固で他者からのアドバイスに耳を貸さない生徒**

他者の意見に決して流されず，自身が正しいと考えた信念や規範に基づいて，自分も他者の言動を厳しく見つめている。

**嘘をつかず，誠意をもって人と接することができる生徒**

決して，他者に嘘や悪口は言わず，相手の気持ちを察しながら，誠意をもって話をすることができる。

**正義感をもって困っている他者の世話をする生徒**

人間関係のトラブルで困っている友人に，積極的に関わり，気持ちを受け止めながら解決に向かおうとした。

**校訓の理解をし，校則を守り，社会での立ち振る舞いを学ぼうとした生徒**

校訓の意味を自分なりに理解し，校則や，先生方からの指示の意図も考えた上で，社会の中で，自身がどのように生きるべきかを考え，規則正しい行動ができた。

**自分の時間を犠牲にしてまでも友人のために頑張った生徒**

友人がケガをしたとき，町の病院まで背負って運び，家庭への連絡を含め，すべての世話を一人で行った。

**広い視野で多くの人の幸せを考えようとした生徒**

家族や友達だけでなく，多くの人がどのようにすれば幸せに過ごすことができるかを考えて，他者と関わろうとした。

各教科・総合

特別活動

行動

進路指導

資格／事業所

特徴・特技

成長の状況

通信制

# 指導力

> 学習活動でも課外の活動でも，先駆けとして動くタイプで，すぐに場や状況を作る生徒だけでなく，他者をまとめる柔軟な関わりができる生徒への視点も大切です。

### 柔軟な思考で多様な意見の価値を受け止められる生徒

他者の意見を聞いて自分の考えを修正していくことができる柔軟性があり，皆の気持ちを一つにまとめていく指導者としての資質に優れる。

### 級友を牽引する力が秀でている生徒

自ら率先して学校行事やクラス行事などの活動に取り組むので，自然と級友からの協力が得られる人物である。

### 他者の秀でた面を自分たちの目的のために引き出すことができる生徒

一人ではできないことでも，人を巻き込んで実行する力がある。特に自分と異なるタイプの人たちの良さを引き出すことができる。

### 学級委員長をつとめた生徒

学級委員長をつとめ，日々の生活の中や学校行事などで，活動の企画段階から中心となり，クラス全体をまとめることができた。

### 他者理解の能力が高い生徒

常に周りの人たちの行動に目を向けている。時折見せる他者への言葉がけは機を得ており，他者のやる気を引き出すことができている。

### 自身の気持ちや思いを素直に他者に伝えることができる生徒

自分の考えをわかりやすく他者に説明して納得と協力をとりつけることができる。また率直に，他の人の協力を求めることができる。

### レクリエーションで企画に応じた役割を的確に考えることができた生徒

クラスレクリエーションでは，企画に基づいた役割分担を考え，適材適所，級友に協力を求め，レクリエーションを成功させた。

### 生徒会活動や部活動等でリーダーとしての活動ができた生徒

生徒会活動（部活動）において，生徒会長（キャプテン）として生徒会（○○部）をまとめ，ボトムアップの生徒主体の活動を推進し，成果を出すことができた。

### 指導的な立場の振る舞いが他の生徒から認められた生徒

クラスのリーダーとして，学校行事成功に向け，尽力する姿が他の生徒の心を揺さぶり，クラスの雰囲気を良くした。

### グループ活動でグループの方向性を決めて活躍をした生徒

様々な意見を取り入れながら，全体の方針を決定づける能力を持つ。人間的な幅が広く，友人たちから頼りにされている。

### 自身の学びへの高いモチベーションが他の生徒の関心を集めた生徒

知的好奇心に富んでおり，物事に対して探究することができるため，他の生徒の目標となり，級友が集まる生徒である。

### 体育大会でクラスの雰囲気を牽引した生徒

体育大会の時には，誰にでも思いやる言葉をかけることができる持ち前のリーダーシップを発揮し，クラスの雰囲気づくりに貢献した。

### 他者を巻き込む力に秀でた生徒

他人を自分の活動グループに参加させる能力が秀でており，クラスでの諸活動において中心となり，成功に向け，級友と協力しながら活動することができる。

### 他の生徒に信頼と安心感を与えることができる生徒

基本的な生活習慣を身につけており，級友からの信頼も厚く，いろいろな学校行事で常に指導的な役割を果たした。

### 自分の意見をしっかり述べることができる生徒

自分の意見が確立しており，人の意見に惑わされずしっかりと述べることができ，他の生徒のリーダー的存在となっている。

### ディスカッションで，まとめあげる力を発揮した生徒

グループ討議などではいつも中心的な存在であり，出てきた意見を集約し話し合いの進行役を買って出ていた。

### 友人と共に成長を重ねている生徒

他人の成功を素直に認め一緒に喜ぶことができる。その上で，次なる目標を共に考え行動するなど，お互いの成長を心掛けて行動している。

### 綿密な打ち合わせで仲間の意欲を引き出すことができた生徒

校外活動において，グループの綿密な打ち合わせで，一人一人のやりたいこと，できることを共有することでそれぞれの意欲を引き出し，活動の成功に貢献した。

### 厳格なリーダーとして活躍した生徒

自己に厳しく努力を重ねる姿を見せて，背中で友人を引っ張るタイプの人物である。他者の誤りにも厳格に対応するが，仲間からも素直に受け入れられている。

### クラスの雰囲気をうまく変化させることができた生徒

クラスの雰囲気づくりに尽力し，雰囲気のメリハリをつけるために表情に抑揚をつけて話し，学習活動や特別活動で級友の意欲を高めた。

### 他者と意見が合わない時も，配慮をもって対応ができる生徒

人当たりが良く，場の雰囲気を和ませることができる。皆が意思決定にできるだけ多く関われるよう，相手の意見を引き出す技術を身につけている。

各教科・総合

特別活動

行動

進路指導

資格／事業所

特徴・特技

成長の状況

通信制

# 人望

「人を巻き込む」という言葉があります。周りの人を包み込むような安心感と信頼感があり人は，どのようなことをしようとしても多くの仲間に囲まれています。

### いつも前向きな姿勢や言動で厚い人望のある生徒

朗らかでユーモアがあり，どんな時にも前向きな意見を出そうとするので周囲からの人望が厚い。

### 積極的な姿勢によって，仲間からの共感を得ている生徒

何事にも積極的に取り組む姿が，他の生徒の模範となり，級友からも教員からも好感がもてる生徒である。

### 言葉数ではなく，姿勢や振る舞いで相手の心を開く生徒

発言は少ないが，落ち着きがあり裏表のない性格でコミュニケーション能力が高いため，周囲の人の心を開き，一目置かれる存在である。

### 日頃の振る舞いから，周りに安心感を与えている生徒

誰に対しても節度ある言動するため，級友からも信頼されており，教員からも安心して仕事を任せることができる。

### 他者に優しく面倒見がよい生徒

優しい言葉遣いや思いやりのある言動で面倒見がよく，友人からの人望を得ており，いつも人に囲まれて微笑ましい。

### 自分のことを後回しにしてすべてのことに対応しようとする生徒

私利私欲に走らず，むしろ自分のことは後に回し，全体のこと，他の人のことを優先する姿勢があるので信頼されている。

### 約束を守る等，責任感が強いため，信頼を得ている生徒

真面目で責任感も強く，約束をしっかり守るため，どのような相手にも誠実な態度で接することができるため，級友からの信頼も厚い。

### すべての他者の思いを受容しようとする生徒

相手を肯定的に受け止める。相手の言動を肯定的に解釈して受け入れる。相手の話に耳を傾けて自分の意見を差し込んだりもしない。

### 誠実に相手の思いを中心に考えることができる生徒

何事にも誠実に取り組む。嘘をつかない。物事に真正面から向き合い，努力を傾注する。常に相手を中心にして物事を考えることができる。

### 行事のトラブルではいつも相談されている生徒

何事に対しても，客観的に判断し，冷静に対応できるので，クラスの行事や課外活動でのトラブルの対応時には常に相談される等，信望も厚い。

### 相手の気持ちに寄り添って相談にのることができた生徒

困っている友人には声かけをし，相手の気持ちに寄り添って，一緒に問題の解決を図ろうとするので，誰からも頼りにされている。

### 友達との約束を必ず有言実行する生徒

有言実行で，自分に任された仕事は責任をもって確実にやり遂げることができるので，級友や後輩からも信頼されている。

### 絶対に他者の悪口や評判を口にしない生徒

発言に裏表がなく，本人がいないところで，人の評判を悪く述べることなどがなく，誰からも，安心して話ができる存在として尊敬されている。

### 様々なグループで活躍する生徒

自身のやりたいことを他者にしっかり示すことで，状況に応じて同意してもらえる仲間を見つけて，共に行動することができる。

### 常に丁寧な対応で，物腰柔らかな生徒

常に丁寧な言葉遣いで人と接している。感情に任せて発言する姿は見られず，落ち着きをもたらす存在として，友人からの信用が高い。

### フォロアーシップに優れた生徒

リーダーの補佐役を務めることが多く，グループが目指す全体像を踏まえて具体的な行動を提案・実行することで，グループには欠かせない存在となっている。

### 自分の成功をいつも誰かのお陰と述べることができる生徒

自分の成功を，常に誰かのお陰だと語るため，困った時には，自然と周りからの助けが得られる人望をもっている。

### 誰に対しても軽口を言う生徒

いつも，周りに冗談を述べて，雰囲気を明るくできる存在である。誰からも信頼されているため，どのような言葉，行為でも受け入れられる人望をもっている。

### すべての責任を背負いこむ生徒

責任感が強く，どのような状況でも，他者を思いやり，決して責めることはなく，自分自身のできることは何かを考えて対処しようとした。

### 信念をもってブレない生き方をしている生徒

人に合わせて言動を変えず，自分の考えと強い信念をもって誰とでも対応するため，誰からも信頼されている。

### すぐに人に助けやアドバイスをもらう生徒

どんな些細なことでも何かを決定する時には，教師や友人のアドバイスに傾聴し，より良い方向に進めるよう多様な未来の可能性を示すことができた。

各教科・総合

特別活動

行動

進路指導

資格／事業所

特徴・特技

成長の状況

通信制

# 1年

入試を経て入学したばかりの1年生の「漠然とした将来」を，焦って明確に示すのではなく，「漠然とした将来として」本人と共有してみましょう。

**文理分けの際に自身の関心に合わせて，納得のいく選択ができた生徒**

文理分けのために自己の適性を探った。適性テストの結果や，先輩など様々な人の話を聞くことで，自分の関心のありかを探り，納得いく選択ができた。

**自分の未来についての関心を高めキャリアについて考えた生徒**

職業に就いている人の話を聞いて，将来なりたい仕事をイメージして，そこから逆算して，大学で学びたいこと，今取り組むべきことなどを考えた。

**就職志望を固めた生徒**

職場訪問，職場でのインターンシップ体験などに積極的に参加して，将来どのような仕事をするかを考え，進学ではなく就職を希望するようになった。

**家族の職業の影響で専門学校への進学を希望している生徒**

家族の職業の影響から美容の分野に興味が高まり，専門学校への進学を希望している。

**理系の4年制大学を希望している生徒**

中学までの学習活動から，理系科目に興味があり，また，自然科学への探究への憧れも強いため，4年制大学への進学を希望している。

**文系の4年生大学を希望している生徒**

英語の授業では，イギリス文学の面白さに惹かれ，将来は留学も視野に入れ，外国文学研究への憧れが強いため，4年生の大学への進学を希望している。

**工学系の進路を希望している生徒**

工業系の仕事に興味があり，ものづくり分野への就職を希望している。そのため，専門学校，大学の工学部を視野に入れて将来を考えている。

**アニメーション，ゲームクリエイター系の進路を希望している生徒**

日頃からアニメーションや，オンラインゲームに深い関心を示し，将来の仕事として考えているため，クリエーション系の専門学校を希望している。

**動画サイトへの投稿に高い興味を示している生徒**

日常の一コマを，動画で捉え，社会的な価値をSNSで問う生活をしており，将来，社会の中での多様な価値を発信するため，情報を主として学ぶ進路を考えている。

**将来公務員を考えている生徒**

学校行事の中で，市民社会との関わりを考え，将来，行政職として，よりよい市民社会を作り上げたいという夢をもっている。

**起業等経営を考えている生徒**

自分の強い思いを，早く世界や社会の中で実現するため，起業を視野に入れ，様々な人と連絡をとり，その実現に向けて動き始めた。

**将来，教員や保育士，福祉士等の職業を考えている生徒**

人と接し，誰かのために尽力する姿勢を大切にしている生徒である。将来は，この生き方を職業とすべく，福祉関係，教育関係の職業を検討している。

**自分の経験から自分の進路を考えようとしている生徒**

自身の震災の経験から，将来は人命を一人でも助ける生き方をしたいと考え，医療に従事する職業のための進学先を模索している。

**オープンスクールに参加した生徒**

複数の大学や専門学校のオープンスクールに参加し，模擬講義等を経験する中で，具体的な将来の姿が見えてきた。

**保護者と将来への考え方が異なっている生徒**

自分の将来の夢を家族に相談し，なぜその仕事，生き方なのかを根拠をもって説明するために努力をしている。

**まだ進路について考えが及んでいない生徒**

高校入試を経て，自身の努力によって未来を決めることの大切さを実感した。次の人生の岐路に向けて，新たな心の動きが期待できる生徒である。

**自立して生活を送ることの意義をよく理解している生徒**

これまで，保護者の庇護の下で生活してきたが，家族であっても社会的，経済的に支え合うことができるよう，早く自分を自立させたいと考えている。

**社会の中で自分の役割を生かすことを考えている生徒**

自分が働くことで，自身の臆病な性格が前向きになり，勤め先の会社は，より慎重な判断ができるようになると，相互のメリットを考えるようになった。

**進学することがゴールであるとの認識が強い生徒**

より社会的な評価が高い大学等，進路先を自身の評価規準として捉えているが，その評価が，将来働くことへの心の支えになることも同時に感じている。

**進路に向けた生活習慣が身についていない生徒**

就職希望であるが，実現に向けて，起床，就寝の時間を決めて生活のリズムを整える努力をしようとしている。

**1年生の段階で進学も就職もしないことを明言している生徒**

自己肯定感は高いが，自分自身をどのように社会に活用し，自身と社会を同時に高めればよいかの方法について考え続けている。

# 2年

> 2年生になり，インターンシップの経験や，進路に向けた選択教科の絞り込み，補講への参加等で具体的になってきた将来の姿を生徒と共有してください。

### 公務員就職を希望する生徒

長期休暇中に官公庁のインターンシップ体験を行い，公務員受験志望が改めて強くなった。2年生の段階から受験に向けた準備を始めた。

### 職場訪問した生徒

学校の職場訪問プログラムを利用して，先輩の働く職場を訪問して将来の仕事に関する関心を強め，学習に対して意欲的に取り組むようになった。

### オープンスクールに参加した生徒

複数の大学，専門学校のオープンスクールに参加，模擬講義を経験する中で，学問に対する関心，意欲を高め，学習に対して意欲的に取り組むようになった。

### 現状の学力と志望大学のレベルと大きく異なっている生徒

将来，法曹の世界で活躍することを夢み，現状の学力を理解しながら，自身の力量に見合った進学先，進学方法など多様な方法を模索している。

### 明確な職業を設定し，職場体験を自ら申し出た生徒

美容師になる目標を設定し，知人の美容師に相談し，インターンシップとは別に，休日を利用し，職場体験を重ねて行った。

### 理系の大学のオープンスクール等に参加した生徒

理学部への進学に興味があり，夏季休業中にオープンキャンパスに参加し，大学の充実した実験設備，学生の姿勢等に感銘を受け，進路への意識が高まった。

### 文系の大学のオープンスクール等に参加した生徒

経済学部のオープンキャンパスに参加し，模擬授業を受講し，将来の職業で何ができるかを知った後，高校の授業とは別に自分で経済学の書籍を紐解き始めた。

### 部活動と進路に向けた学業との時間のバランスに苦慮している生徒

部活動で，中核の役割を担いながら，進学に向けての家庭学習の時間のバランスをとりながら，自分の生活を大切にしつつ，将来に向けての尽力を惜しまなかった。

### 各大学，専門学校の説明会で積極的に質問していた生徒

高校主催の大学，専門学校の進路説明会で，説明に来られた上級学校の先生方に積極的に質問し，今の自分にどのような努力が必要かを思考していた。

### 希望の進学先への合格までの学習時間を計算し，受験計画を立てていた生徒

大学入試までの日数と一日の時間を計算し，それまでにどれだけの学習内容が必要かを自分自身で想定し，計画を立てていた。

**オープンスクールで指導された内容を高校で実践している生徒**

教育学部でのオープンキャンパスで将来教員になるために，今，すべきこととして，仲間のよいところを３つずつ見つけるという課題を毎日継続して行っている。

**就職試験の面接等の礼節練習を日頃の生活習慣で実践しようとした生徒**

面接練習での，敬語，礼の作法等，面接練習の講習で学んだ礼節を自然に振る舞えるよう，日常生活から実践していた。

**昨年就職した先輩と連絡をとり，就職後の生活を相談した生徒**

就職希望先の先輩と連絡をとり，就職後の生活について説明を受け，数年後の自分の姿をイメージし，自身の夢に向けて思いを強くしていた。

**大学の同じ領域志望の仲間と進学に向けての勉強会を作った生徒**

オープンスクールで一緒になった仲間と，共に１年後に合格をするための勉強会を作り，情報交換をしながら受験に向き合おうとしていた。

**受験に向かうために友人関係が希薄になってしまった生徒**

自分の受験のために，自分の時間のすべてを学習活度に費やし，夢に向かう覚悟で進路に臨んでいる。

**専門学校の先の仕事の内容を深く理解ようとした生徒**

医療専門学卒業後の，病院勤務で患者との関わり方をオープンスクールで学び，周りの友人が本当に今困っていることを考える姿勢をもとうとしている。

**模試の成績で不調だった生徒**

志望校の模試での判定が振るわなかったが，その原因を担任と相談し，自分にとって必要な能力やそのための学習方法を検討した。

**進路に不安だったが，友人との成績の比較ではないことに気付いた生徒**

学年が始まった当初は，進路への不安が強かったが，友人と成績の順位を比較するのではなく，自分の目標を達成すればよいことを理解し，学習活動が安定してきた。

**保護者からのプレッシャーを感じている生徒**

穏やかで優しい性格のため，保護者をはじめ，周りから，将来も幸せであってほしいとの思いを寄せられる存在の生徒である。

**大学受験だけで自分の将来の価値が決まらないと理解している生徒**

高校での学習の成績や，入試の結果自体が，自分の価値ではなく，生活や人生でのすべての結果の受け入れ方が自分の価値であると考えようとしている。

**進路は自分で作りだすものであると認識している生徒**

自身の進路や生き方は，模試や成績の判定で決められるものではなく，自身の考え方で作りだすものだと考える生徒である。

各教科・総合

特別活動

行動

進路指導

資格／事業所

特徴・特技

成長の状況

通信制

# 3年（進学）

> 3年生での要録の記載時には，多くの生徒の進路が決まっています。すべての生徒の生き方への敬意をもって書くことが大切ではないでしょうか。

### 四年制大学・教養系学部へ進学の生徒

人間に対する幅広い関心をもっており，専門学部ではなく教養系学部で学びたいとリベラルアーツに重点を置いている四年制大学に進学した。

### 四年制大学・文理融合領域へ進学の生徒

学際的な学びをしたいという希望があり，四年制大学の文理を融合した学部に進学した。将来は研究者の道を歩みたいと考え，大学院進学を考えている。

### 四年制大学・体育系学部へ進学の生徒

身体を動かすことに関心があり，将来は生涯スポーツに従事して，社会の健康づくりの仕事に携わりたいと四年制大学体育系学部に進学した。

### 四年制大学・理学部へ進学の生徒

工場からの廃液への浄化による環境保全に高い関心を示し，将来研究者となってその実現に向かいたいと考え理学部に進学した。

### 四年制大学・教育学部へ進学の生徒

幼い頃からの目標であった小学校教員になるために，小学校現場での実習の機会の多い，教育学部に進学した。

### 理美容の専門学校へ進学する生徒

人の自己肯定感は，少しでも美しくありたいと願う気持ちだと考え，多くの人の幸福を作りだす美容師になるために，美容専門学校へ進学した。

### 短期大学へ進学の生徒

医療の現場で，感染症拡大等によるひっ迫している状況をできるだけ早く緩和させたい思いが強く，2年制の看護学科に進学した。

### これまでの総合学習での成果をまとめ，AO入試で進路が決まった生徒

2年生までの総合学習で，地域の地質を調査からこれまでの市内の産業との関わりを明らかにした取り組みがAO入試で評価され，社会学部の進学が決まった。

### インターハイ，全国総文での好成績によって推薦入試で進路が決まった生徒

入学後，陸上部で研鑽を続け，インターハイの棒高跳びで好成績を収め，進学後は，体幹と跳躍との関係を研究するため，体育学部への推薦入試で進学した。

### 3月の段階で進学先が決まっていない生徒

将来の夢が明確ではあるものの，そのための大学の進路先については，引き続き時間をかけて検討し，今後最良の選択を行う予定である。

# 3年（就職）

> 様々な気持ちが錯綜する中で，働き，家族を支える就職という道を選んだ彼らのこれからの人生に，文章でエールを贈る気持ちで書いてみてはいかがでしょう。

各教科・総合

特別活動

行動

進路指導

資格／事業所

特徴・特技

成長の状況

通信制

**自分の適性にあった就職先を見つけ，就職した生徒**

社会人として社会貢献したい気持ち，早期離職を避けたい気持ちが強く，いくつかの職場を訪問することで自分の適性を見つけ，就職先を決めた。

**商業科目を多く履修し，社員としての即戦力を身につけて就職した生徒**

商業科目，接遇実践などの科目を多く履修し，ビジネスマナーの習得に意欲的であり，在学中から社会人としての資質を高める努力を続けた。

**入学当初から警察官（消防士）めざして就職した生徒**

正義感が強く，入学当初から警察官（消防士）を志望して，在学中から心身を鍛え，勉学に励み，高い倍率の試験を乗り越えて合格した。

**公務員試験の勉強を克服し，地元の市役所に就職した生徒**

高校1年から，公務員対策の学習を積み重ねた結果，公務員試験を突破し，地元の〇〇市役所に就職した。

**工業高校での学習を生かして，ものづくりができる会社に就職した生徒**

ものづくりの魅力に魅了され，工業科に入学したが，卒業後も溶接を通じて，社会の中での多くの生活を支えたいと願い，〇〇工業に就職した。

**研鑽のために，美容学校に通いながら勤められる美容院に就職した生徒**

目標であった美容師になるために，勤務時間以降，学校にも通いながら働くことのできる〇〇美容院に就職した。

**商業科で多くの検定に挑戦し，資格を取得して就職した生徒**

情報処理検定，ビジネスコミュニケーション検定等を取得し，営業に資する能力を身につけ，就職した。

**学校斡旋で不調であったため，自分自身で就職先を探してきた生徒**

自分の性格や能力にあった仕事先を探し，直接アプローチして，webアニメーション制作会社に就職した。

**縁故採用によって就職した生徒**

家族が経営していることもあり，小さい頃から親しんできた和菓子製造，販売会社に就職をした。

**すべての就職試験で不調であった生徒**

社会で自分の役割を模索し続け，人材派遣会社に登録して様々な仕事を経験する中で，自身の適性を考えようとしている。

# 取得資格

> 就職，進学に関わらず，高校で資格を取得することで多様化，国際化する未来の社会に広く対応する力，次の高みに挑戦する力等が次第に培われる姿を見てください。

### 難しい検定を取得した生徒

各種検定試験の合格を小目標にして勉学の励みとした。在学中に英語検定（準）1級に合格することができた。

### 多くの検定を取得した生徒

検定三冠をめざして同級生と励ましあいながら，校内で朝早く，放課後もずっと補習授業を受け，複数の検定を取得することができた。

### 検定取得で自信をつかんだ生徒

検定受検をきっかけに興味関心の幅を広げ，より高い級の検定を取得するにつれて自分への自信を深めていった生徒である。

### 簿記検定に合格し，公務員試験へ意欲を高めた生徒

簿記の授業を積極的に取り組み，簿記検定2級に合格することができた。そのため，自身の次のステップとして，1級合格，公務員採用の目標を見いだすことができた。

### 学習活動のモチベーションを高めるために英語検定を活用した生徒

得意な英語について，放課後等積極的に学習したが，具体的な目標として英語検定2級を設定し，合格することができた。

### 特技による資格取得でクラスに貢献した生徒

日本書道連盟の書道3段である。その特技を生かし，教室に飾るクラス目標を書きあげた。

### 大学入試（AO・推薦）を有利に進めるため複数の検定に挑戦した生徒

高校入学時から志望大学で（AO・推薦入試で）優遇される検定を調べ，学力向上も兼ね，漢検，数検，英検，簿記等の検定に合格できるよう努力していた。

### 自分の生き方を豊かにするために資格取得をしようとした生徒

自分の服の色や，より自然の色を感じ取りたいと考え，カラーコーディネーター検定に挑戦し，自身の感性を磨いた。

### 総合探究として「地元検定」を作った生徒

総合的な探究の時間で，地元の名産や地形を調査し，それらを基にチームで検定問題を作成し，町役場の方と実用化に向けて折衝を始めた。

### 資格取得に挑戦するが，合格できない生徒

英検2級に挑戦し，合格にいたらなかったが，不調であった原因，自身の弱い領域を明らかにし，今後の学習に役立てようとした。

# 事業所

Point

> 定時制，通信制高校に通う生徒の中には，学業だけではなく働きながら生計を立てている方も少なくありません。学校だけでない「学びの姿」を見つめてみましょう。

**事業所内の休憩スペース等学習活動への支援を受けることになった生徒**

ベンチだけの休憩スペースを活用して，学習課題を進めている生徒の姿により，簡易テーブルが設置される等，事業所からも学びの支援を受けていた。

**事業所全体に学ぶことに対しての積極的な姿勢を高めた生徒**

高校の学習課題やスクーリングの話題を事業所内で話をすることで，所内の学びへ対しての意欲が上がり，検定を受ける等事業所の雰囲気を向上させた。

**高校の商業の学びがそのまま仕事のスキルとなっている生徒**

高校での簿記の授業での学びによって，これまで担当することがなかった会計業務を担当することになり，生徒の事業所内での役割が変わった。

**学業に時間が割かれ，一部の業務に滞りが発生した生徒**

一日の生活の時間の割り振りが変わることで，業務に影響が発生したが，本人の前向きで，仲間思いの性格のため，周りの支援によって改善に向かうことができた。

**事業所の所属長から，通学を好意的に思われていない生徒**

定時制高校での学業を職務と併行することでの，事業所へのメリットを様々なところで伝えることを心掛け，自身と事業所仲間の士気を同時に高めようとした。

**自身の職務終了の時間が不定のため，夜間の時間に遅刻しがちな生徒**

自分の通学のために職務に影響を与えないよう，仲間に配慮している。その性格が，高校の学友にも伝わっているため，遅刻での学びの補完を学友が支援している。

**スクーリング日と出勤日が重なり，有給休暇を取る生徒**

急な業務が入り，スクーリング日が出勤日となったが，そのような場合を想定して勤務対応マニュアルを事業所が設定したため，他職員が代行業務にあたった。

**事業所のスキルアップ支援事業を活用して入学してきた生徒**

事業所内業務のスキルアップができるよう，学び直しや，資格取得のための支援事業を行っており，スキルアップ研修として，三部制溶接科に入学した。

**事業所の所属長による授業参観希望が出された生徒**

勤務時間後の高校の授業の様子を知りたいとの希望が事業所からあり，事業所の上司による参観が行われた。業務に資する学習の姿が高く評価されていた。

**事業所の仲間へ定時制高校への入学を進める生徒**

大変な生活の中で，学んでいるが，学ぶことの楽しさ，喜びを他の職員に伝え，本校のカリキュラムの良さが伝わった。

各教科・総合

特別活動

行動

進路指導

資格／事業所

特徴・特技

成長の状況

通信制

# 特徴・特技

生徒を「生徒として」ではなく，「一人の人間として」見つめ直すと，社会の中での有用な姿や，素晴らしい資質，能力を備えた面がきっと見えてきます。

**中学校時代の文化部で活躍した時の力を，高校でも生かそうとした生徒**

中学校の部活動で経験した合唱の経験を生かし，合唱コンクール等でパートのリーダーを務めた。

**中学校時代の運動部で活躍した時の力を，高校でも生かそうとした生徒**

中学校の部活動での経験を生かし，球技大会でのバレーボールで大いに活躍し，優勝に貢献した。

**得意な料理の力を生かし，文化祭の模擬店に貢献した生徒**

料理を得意としており，文化祭での模擬店では模擬店運営に貢献し，店は大きく盛り上がった。

**動画サイトで AI を活用した作曲を投稿している生徒**

自動作曲システムを用いて，曲を作り，動画サイトにアップしているため，周りからの要望で，合唱コンクールではオリジナルの曲を作り，参加した。

**美術部活動の力をクラス行事で発揮した生徒**

美術部に所属し，造形表現に長けており，クラス旗の製作や文化祭の模擬店のポップアップ等で中心となって活躍した。

**動画編集が得意な生徒**

クラスの行事をすべて，教員から借りたビデオで撮影し，年度末に1年の思い出を紡いだ動画を作成し，クラス全員の前で上映した。

**話が上手な生徒**

大勢の人の前で，物怖じせず，聞き取りやすい口調と，ユーモアを交えた話ができるため，学校行事や生徒会活動では声がかかっている。

**ストリートダンスで他高校の仲間と共に競技に参加している生徒**

ストリートダンスを他高校の仲間と行い，地域のイベントに呼ばれ，ダンスを披露し，地域から注目された。

**共感覚をもっている生徒**

聞こえる音から特定の色が想起できる共感覚をもっており，文化祭の合唱コンクールではユニークな色彩に溢れる楽譜を作成し，クラスのシンボルとなっていた。

**片付けが上手で，整理整頓が美しい生徒**

片付け，整理整頓に独特のこだわりがあり，教室の道具入れや，共同図書の棚の中は感覚的に使えるようなラベリングと共に整理していた。

### 地域の文化活動を多くの住民の方と行っている生徒

コンサートや，演劇を主催する文化活動を，休日を中心に展開しており，文化に造詣が深い地域の方とのつながりで，文化祭を地域のコミュニティとして機能させた。

### 美術館で高校生学芸員として美術館鑑賞会を実施している生徒

美術館に通っているうち，学芸員から認められ，高校生学芸員として月に1回鑑賞会を主宰しているが，その文化的なコミュニケーション力は極めて高い。

### 地域の公民館で新しいスポーツを作り広める活動をしている生徒

公民館で，障害者と共に楽しむ新しいスポーツを作り，実験を行い，広める活動を行っており，レクリエーション大会では，学年の中心として運営した。

### 演劇劇団に所属して講演活動を行っている生徒

地元の劇場を中心に活動をしている劇団に中学生の頃から所属して定期的な公演を行っており，その表情の豊かさは，クラスの仲間づくりの中核となっている。

### 小さい子どもが好きな生徒

将来，保育士になることをめざしているが，どんな子どもでも，語りかけるため，本生徒の周りは，高校の敷地内でも保育所のように小さい子たちが集まる。

### どのような花でもその種，名前を述べることができる生徒

自宅が生花店を営み，花に対しての興味が高く，野外活動でもすべての花について説明することができたため，クラスの仲間で素晴らしい花地図を完成させた。

### 特徴や特技が見いだしにくい生徒

日常の小さな変化を大切にしながら，友人との大切な高校生活を，豊かな喜びに溢れる時間として過ごすことができた。

### 挨拶の声が大きい生徒

本生徒が登校すれば誰もがわかるほど，毎日の挨拶の声が大きく，その元気な振る舞いは毎日のクラスでの生活に鮮やかな彩を加えた。

### 体操服の着替え，昼食等，すべてに速く取り組む生徒

段取りがよく，着替え等，率先してクラスの仲間の生活の動きを先駆けてこなすことができる。そのため，クラスの仲間から，先導者として大切にされている。

### 運動神経に秀でた生徒

クラスの中で運動能力が極めて高く，クラスでの行事の最後には，バク転やブレイクダンス等の他の生徒では模倣できない身体運動を披露して盛り上げた。

### 言葉使いに秀でた生徒

詩や俳句等，ユニークで温かい言葉の表現ができるため，毎日「今日のひとこと」をクラス日記や黒板に書き，クラス全員から高く評価され，楽しみにされている。

各教科・総合

特別活動

行動

進路指導

資格／事業所

特徴・特技

成長の状況

通信制

# 部活動

Point

部活動では，その分野の高い技能を保証するだけなく，組織運営や継続，挑戦する強い気持ち等が育まれ，授業とは異なる成長を感じることができます。

### 部活動の主将としてチームメンバーの模範となり，好成績に導いた生徒

部活動の主将として，チームをまとめ，練習にひたむきに取り組んだ。総合体育大会では，県ベスト８に入った。

### マネージャーとしてメンバーをサポートし先を見越した運営ができた生徒

マネージャーとして献身的に選手をサポートし，先を考えた行動ができるため，運営を潤滑に行うことができた。

### 部活動を継続することで，学習活動も含め学校生活全体を向上させた生徒

活動を３年間休まずに続けることで，受験勉強を行う体力・精神力を身につけることができた。

### 一人のチームメンバーとしてチームに貢献しようとした生徒

チームメンバーとして，自分のポジションからチーム全体が高まることをめざして，日々の練習に励んだ。

### 部活動，サークルを立ち上げた生徒

ダンスのサークルを立ち上げ，初めての仲間の指導も行い，短期間の間に，日本高校ダンス部選手権で入賞に導いた。

### チームをまとめ，全国総合文化祭で優秀な成果へと導いた生徒

写真部内で作られたチームで，リーダーとなり写真のコンセプトや撮影フィールドを決め，総合文化祭の写真部門や，写真甲子園で好成績を収めた。

### 少ない部員数であるが，仲間や理解者を増やす努力をした生徒

陸上競技部で部員数が少ない中で，中学校と合同練習を行い，競技の面白さを伝える努力を行った。

### 部活動と地域のスポーツクラブの両方を掛け持ちしている生徒

学校ではサッカー部に所属し，さらに休日は，地域のフットサルチームに所属し，サッカーの技術習得のために自分自身を異なる状況において鍛錬した。

### 小学校の学童保育の子どもたちに絵画の指導をした美術部の生徒

子どもたちに描く面白さを知ってもらうために，美術部の活動の一環として，近くの小学校の学童保育で指導を行った。

### 他の部活動のトレーニング方法を取り入れた生徒

卓球部の主将として，他の種目の部活動のトレーニング方法を教えてもらい，アレンジを加えて新しい練習方法を作りだそうとしてきた。

### 他校との練習試合で，テニスに対しての多様な考え方と学んだ生徒

テニスの練習試合や交流戦で，テニスに対しての考え方を相手校から学び，自分のテニスの考え方の幅を広げようとした。

### 部活動で学んだことを生徒会活動でも生かそうとした生徒

吹奏楽部で学んだ，異なる力（音）を生かし合うことで調和が生まれるという理念を生徒会新執行部の中に取り入れ，一丸となった生徒会活動が運営できた。

### 大会の応援に対して，感謝することを学んだ生徒

野球部の夏の地方予選で，吹奏楽部や生徒会，応援団，保護者の方が総出で応援に来てくださったことに涙を流しながら感謝の言葉を述べた。

### 最初は儀礼的だった挨拶から，その意味を理解しようとした生徒

入部した当初は，廊下ですれ違った先輩にただ大きな声で挨拶をしていただけだったが，大きな声が誠意の体現であることの理解以降，状況に応じた挨拶ができた。

### 先輩に指示されたことしかできない生徒

自分で判断したことが部内で正しいかどうかの判断ができるようになるまで，先輩の様々な指示を忠実に実行することで，部内での判断を学んでいた。

### 自分だけでなく仲間のためにも辛い状況を耐えることができた生徒

全体的に体躯が小さい柔道部に所属していたため，身体を大きく，柔らかく，強くするために，全員で厳しいトレーニングを乗り越える決意をし，努力していた。

### 部活動を休みがちであった生徒

しばらく部活動を休んでいたが，仲間と卓球の面白さを作ることができなくなったからで，もう一度，仲間と卓球の面白さを作れるようになり，復帰できた。

### 何かしたいが，具体的に何をしたら良いかわからない生徒

部活動に所属せずにいたが，クラスメイトが部活動で目標をもった活動をしていることに影響を受け，新たな目標を作るため，次年度から入部を検討している。

### アニメや漫画がきっかけで入部した生徒

当初アニメや漫画の影響を受け，バスケットボール部へ入部したが，体を動かし，バウンドするボールと一体になる心地良さを体感できるようになった。

### 年度の途中で退部をした生徒

合唱部で熱心に活動してきたが，進路決定において，学業に専念しなければならなくなり，顧問や仲間の同意を得て退部をした。

### 学習活動に専念できない生徒

部活動で仲間と共に立てた目標のため，自分の時間をその実現に向けて精一杯活用しようとしている。

各教科・総合

特別活動

行動

進路指導

資格／事業所

特徴・特技

成長の状況

通信制

# ボランティア活動

**Point**

誰かの，何かの役に立ちたいと純粋に願う生徒の気持ちをしっかりと見つめてくれる教師のまなざしこそが，生徒にとって本当に必要な心の支えなのかもしれません。

### 地域のボランティア活動に参加した生徒

毎週，日曜の午前中に地域の清掃活動に積極的に取り組み，地域の人たちと積極的に交流することができた。

### ボランティア活動で献身的な姿で関わった生徒

マラソンイベントのスタッフとして参加し，選手たちの補給を手伝う献身的な姿を見せた。

### ボランティア活動から専門職への関心を高めた生徒

地域の適応教室でのボランティア活動を通して，いじめによる不登校に関心をもち子どものメンタルヘルスを支える専門職への関心を高めている。

### 将来の夢を，ボランティア活動を通して体験した生徒

幼稚園児と関わる行事にボランティアとして参加し，将来の目標である幼稚園教諭の体験をすることができた。

### 水害で被災した地区の片付けに参加した生徒

自身の家も被災したが，すべてを失った人の苦しさを感じ，互いに励まし合いながら，毎日水害で荒れた土地の整備にあたった。

### 長期休業を利用して海外での国際協力に参加するため英会話を学んだ生徒

海外の環境保護活動に参加し，現在の自然と人間との関わりを知るため，英会話を学習しはじめた。

### 花植えボランティアを続けている生徒

総合探究の時間で知り合った，公民館の花植えボランティアのチームの方と公道脇に植えた花の世話を続けている。

### 海岸の清掃キャンペーンに参加し，活動の楽しさに気付いた生徒

行政主催の清掃キャンペーンに参加し，様々な立場の人が同じ清掃の目的で集まり，互いを尊重したコミュニケーションができる面白さに気付いた。

### 授業を抜けだして保健室で過ごしていた生徒

保健室の整理を自ら申し出，保健室を利用する人の気持ちを考えて整理し，他の生徒の見えないところで努力ができた。

### 足を怪我し，車椅子生活を始めたことを契機に他者支援を始めた生徒

自身が怪我をし，車椅子での生活を始め，したくてもできない思いを経験し，同じ思いの人のために自分ができることを考えて，他者支援のサークルを作った。

# 表彰

Point

> 表彰される，されないに関わらず，生徒一人一人が大切な「社会にとって価値ある存在」であるということを意識して見つめてください。

### 部活動の地区大会でメンバーをまとめ，入賞を果たした生徒

○○部の地区大会で，主将ではないが，メンバーの陰日向となって，チームとして準優勝を果たした。

### 大学等のオープンスクールのワークショップで受賞した生徒

○○大学のオープンスクールで実施されたワークショップに参加し，奨励賞を受賞し，進路として同大学への思いを強くした。

### ポスターコンクールで高い成績を収めた生徒

○○ポスターコンクールで日頃からの高い描画力によって評価され，文部科学大臣賞を受賞した。

### PBL 大会でユニークなプロジェクトによって高く評価された生徒

企業主催のビジネスプランを PBL として追究し，チームの協働によってメンバーそれぞれの力を発揮したことが評価され入賞を果たした。

### 一度も表彰を受けなかった生徒

地域や後輩への明るい声かけ，挨拶等によって学校の近隣でも高い評価を受け，表彰に値する社会人として得るべき高い価値をもった生徒である。

### 数多くの表彰を受けている生徒

高校生ながら，クラリネット演奏で日々鍛錬を行い，全国レベルの数々の受賞，地域でのコンサート出演等，社会的に高い評価を受けている。

### 人命救助によって表彰された生徒

クラスメイトとの帰宅中，急性疾患で倒れた方を見つけ，救助したことで警察から表彰されたが，この高校で学んだからできたことと，賞状を高校に寄贈した。

### インターハイで好成績を収めた生徒

入学時から○○部に所属し，勉学に励みつつも，早朝から夕刻遅くまで練習に励み，全国大会で入賞を果たすことができた。

### 同窓会表彰を受けた生徒

入学してから，皆勤であり，かつ，定期考査では常に上位の成績を収めていたため，卒業にあたり，同窓会から表彰を受けた。

### 毎日早朝に一人教室掃除をしたためにクラスメイト全員から表彰された生徒

毎日，一日も欠かさずに朝の掃除を行っていたことをクラスメイト全員から感謝され，終業式の日にクラスメイト全員からサプライズで表彰された。

各教科・総合

特別活動

行動

進路指導

資格／事業所

特徴・特技

成長の状況

通信制

# 成績優秀

Point

> 生徒の学習成績の結果は，高くても低くても常に必然で，理由があります。その理由を生徒と共有することができる関係を作ることが，学習支援の第一歩です。

## 学習態度が優秀な成績につながった生徒

予習復習，授業中の学習への姿勢，定期考査前の家庭学習，生活の中でのどの時間でも，学びへの努力を怠らなかったため，すべての教科の評定が高い。

## 日常生活での周囲のすべての事象に高い興味を示す生徒

読書の内容，登下校での河原の生物，商店街での陳列の状況に常に高い関心をもち，教科書での学習内容と生活の中で知りたいことが常につながっている生徒である。

## 学習の目的が明確である生徒

地歴で日本の文化を社会背景から学んだことを，英語で世界中の仲間に伝える等，なぜ自分はこの教科を学ぶのかを，各教科で決めて学習している。

## 授業内容を常に図式化してノートを作成して復習に活用している生徒

板書を写すだけでなく，授業内容のキーワードを視覚的に図式化してメモを取り，家庭で文章化して，再度学習内容を復習する学習手法で高い成果を上げている。

## 授業でのわからないことをその日のうちに解決する姿勢の生徒

授業中のわからないことを，授業後に職員室で質問したり，タブレット端末で確認したりする等そのままにせず，納得いくまで追求する視線が成績を伸ばしている。

## 成績優秀者の勉強の真似をして学習成績を伸ばした生徒

数学の得意な友達，国語の得意な友達に，なぜ得意なのかを教えてもらい，その方法を真似ることで，自身も得意になれるよう努力して，成績を伸ばしてきた。

## 素行は悪いが成績は優秀な生徒

特有の社会への価値観で，学習活動に取り組み，明晰な視点や論点で学習内容を捉える姿勢が学力を高める資質として評価されている。

## 塾の仲間との学習で成績を伸ばしている生徒

中学の時の友人や，他校の生徒等，異なる学習環境の生徒と互いに影響を受け合い，共に学習活動に励み，良い学習効果を得た。

## 入学時から常に定期考査でトップの成績を収めている生徒

どのような体調であったとしても，授業へ高い意識をもって臨み，定期考査では常に他の生徒がめざすべき高い成績を収め続けた。

## 課外活動が学習活動へ良い影響を与えている生徒

ESS 部に所属し，毎日の授業内容を互いに英語で説明し合う活動を行っており，その活動によって，学習内容の定着と高い語学力を習得した。

# 学外の活動・留学

Point

> 生徒の本来の生活は高校の外で，高校での生活は生徒の人生においても一部にすぎません。生き方として，自分と社会を考えようとしている姿を見つめてください。

**県の事業で夏季休業中に短期留学を行った生徒**

県のグローバル育成事業の一環として，夏季休業中にアメリカに短期留学を行い，ホームステイ中に，言語だけでなく，異なる視点からの環境への考え方を学んだ。

**大学主催のプロジェクト型学習プログラムに参加した生徒**

大学主催のプロジェクト型学習（PBL）の長期プログラムに参加し，仲間と共に，自分自身の感覚によって地域の問題を見つけ，課題を生成し達成する活動を行った。

**数学オリンピックに参加した生徒**

数学オリンピックに応募し，上位入賞には届かなかったが，自分の学び続ける道と仲間を得ることができていた。

**高校として部活動のない競技である水泳のクラブチームで活動している生徒**

本校の部活動には水泳部はないが，地域のクラブチームに所属し，国体選手を選考する合宿にも参加し，学業と両立しながら，努力を続けている。

**幼少期から習っているヴァイオリンで全国コンクール入賞を果たした生徒**

幼少期から習っているヴァイオリンで，ソリストの指導の下，休日もスタジオで一日練習を続け，先日の日本音楽コンクールで入賞を果たした。

**1年間オーストラリアへ留学した生徒**

1年間，オーストラリアの姉妹校と交換留学をした。出発の時には語学習得以外の目的が漠然としていたが，帰国後は，民族芸術を介した文化交流を行っている。

**地域の環境問題を動画で伝える活動をしている生徒**

地域の河川，湖沼に生息している外来種の生態を撮影し，動画投稿サイトを通じた問題提起を数名の友人と行っている。

**学外の活動に全く興味を示していない生徒**

現在は大学受験に専念し，創造的な活動のためのプログラミングを行うアートエンジニアの活動を将来めざし，夢の現実に向けて日々勉学に励んでいる。

**登校もままならず，様々なお店に立ち寄って日中を過ごしている生徒**

地域の方との語らいや，コミュニティの中での自身の必要性や有用性を見いだそうとしている。

**自然環境研修に参加し自分自身の特性に気付こうとした生徒**

自然環境研修に個人で参加し，集団での活動等の研修で，自分や他者の魅力，環境の中で自分自身がなすべき姿を捉え，人としての成長ができた。

各教科・総合

特別活動

行動

進路指導

資格／事業所

特徴・特技

成長の状況

通信制

# 学習に困難がある生徒

Point

> 学習面の気がかりな状況は生徒の様々な困り感のサインと捉えられます。「困っている＝何とかしたい・しようとしている」と捉えて成長への支援につなげましょう。

### ノート記入の内容が欠ける生徒（反抗や怠惰・理解不足ではない）

黒板に書かれている文字や図式とノートに記入した内容を何度も見比べて確かめ，休み時間や放課後に友人の助けを得て内容を補おうとしている。

### 理解力はあるが自分の考えを発言・発表をすることがない生徒

自分の内面にある様々な考えを整理してまとめる・順序立てて言葉するという過程にじっくりと時間をかけて慎重に表現の仕方を検討している。

### 直接質問しても「心ここにあらず」で聞いていないかのような生徒

興味関心があることに注意を向け集中力している時と注意や集中を緩めている時のオンオフを，あくまでも自分のペースで切り替えて学習に取り組んでいる。

### 学習活動が非効率的でノートや課題の提出期限が守れない生徒

限られた時間の中ですべきことが多い時や提出期限が迫っている時も，自分が決めた手順で一つ一つ確実に進め納得いく内容になるよう仕上げようとしている。

### 教室での一斉指導の際の指示を聞き漏らすことが多い生徒

事前に掲示や印刷物で指示を把握したり，聞き漏らしがないかを周りの生徒の行動を参考にして確かめたりして聞き漏らしを防ぐための工夫を続けている。

### 学習に必要なものを忘れたりなくしたりすることが多い生徒

遺失物が戻ってくるよう持ち物に記名したり，忘れ物に気付いたときには友人に借りたりしてできるだけ学習に支障がないようにしようとしている。

### 意見を発表する際に喋り過ぎて要点にいきつくのに時間がかかる生徒

自分が表現したいことを他者に少しでも早く伝えようと，整理したりまとめたりすることより浮かんでくる考えや思いを即言葉にして表現することを優先している。

### 課題や試験に取り組むべき時に鞄の整理など不要な行動をする生徒

個別に学習できる場所で課題を短時間にクリアできるスモールステップに区切って取り組むことを重ねる中で，徐々に課題に向かう意欲が高まってきている。

### 得意科目はトップクラスの成績だが苦手科目の成績が極端に低い生徒

努力が報われない苦手科目での傷つきは大きく，落ち込む様子も見られるが，得意科目の学習に意欲的に取り組んで力を伸ばそうとしている。

### 一つの課題を仕上げるまでの手順や計画を立てられない生徒

課題を仕上げるまでにすべきことを図式化して時系列に並べ，教師・友人や家族の助けを得て終わったことをチェックしながら課題を仕上げようといている。

**立式できても演算記号を取り違えたり暗算でミスをしたりで誤答になる生徒**

計算式を読み上げて演算したり，電卓を使って検算したりして誤りを発見できるようにするなどの方法を実践して記号の読み違いや桁の誤りを防ぐようにしている。

**文章を読む時に語句や行を抜かしたり繰り返し読んだりする生徒**

音読の時にその箇所に定規などをあてて指でたどりながら一語一語ゆっくり読むなど，正確に読むための工夫をして慎重に読み進めるよう心掛けている。

**会話による言語理解に問題はないが，文章の読解や文章題が苦手な生徒**

黙読では内容を理解しにくいときには授業の説明を聞き取ってノートをとり理解を深めている。また，試験では音声教材を活用できる環境を得て力を発揮している。

**形の似た文字の読み書きや同音の言葉の表記を書き違える生徒**

教科書や教材を拡大したものや音声を文字化した資料を活用するなどして，確実に文字を識別し適切に表記する力を高めようとしている。

**文章の読解や作文・感想文などを書くのが苦手な生徒**

予め教材に目を通してわからない言葉や読めない漢字は調べる，書きたいことを箇条書きにしてから文章にするなどの手順を繰り返して身につけようとしている。

**読書好きだが，英語の音読とつづりが覚えられず板書を写せない生徒**

自分のできないことを皆に公表し，授業やテストでPCを使うことの承認を求めたり周りに本を紹介したりして互いを大切にする学級風土を作りだしている。

**オンライン授業などPCの操作を伴う学習を苦手とする生徒**

PC操作がスムーズにいかず学習が滞りがちな中，個別に補習を受けたり，友人や家族の協力を得てPC操作の練習をしたりしてできることを増やそうとしている。

**球技や縄跳びなどの運動や描画・調理などで不器用さが目立つ生徒**

うまくできない悔しさを共有できる仲間の存在に支えられて得意科目の力を伸ばそうという意欲を高め，自分の良さを大切しようとする姿が見られる。

**指示されたページを開くのに時間がかかり授業についていけない生徒**

ページ数の多い書物を使う場合には，予め該当するページに付箋をつけたり内容の見出しをつけたりしてスムーズに学習を進められるようにしている。

**体調不良で治療を優先するため欠時が多く，学習に遅れがちな生徒**

定期通院を同じ曜日の欠席が重ならないように計画し，不定期の受診後は自ら担当教員から個別指導を受けたり，友人にノートを借りたりして学習内容を補っている。

**本人以外の問題（家庭事情など）で学習に専心することが難しい生徒**

下校時刻までの放課後の時間をはじめ，昼食後の休憩時間などを使って宿題や試験勉強をするなど，短い時間も大切にして学習に取り組んでいる。

各教科・総合

特別活動

行動

進路指導

資格／事業所

特徴・特技

成長の状況

通信制

# 行動に困難がある生徒

**Point**

気になる行動は，言葉にならない（できない）思いや困り感を映し出すサインです。
肯定的な関心をもって受け止め，成長を支える関わりの工夫につなげましょう。

### 悪気はないが，おせっかいをして邪魔になるようなことをする生徒

自分のやり方やアイデアを即行動に移して伝えることで他者と関わり，自分の居場所や存在を確認しようとしている。

### 他者の発言が終わる前に出し抜けに話しだす生徒

自分の気付いたことや感じたことを率直に言葉にして伝え，他者とのコミュニケーションをとって人との関わりをもとうとしている。

### 新たな環境や未経験の活動で，おしゃべりや動きが止まらない生徒

感じていること・考えていること・気持ちなどを言葉にしたり動作で表現したりして緊張や不安を和らげながら，新たな環境や活動に取り組もうとしている。

### 爪を噛む・手足でリズムをとるなど落ち着きのない様子が目立つ生徒

緊張・不安が高くなる場面において，身につけている自分なりの方法で対処して心のバランスをとりながら学校生活に適応しようとしている。

### 毎日の清掃当番などの作業を止めるまで黙々とやり続ける生徒

指示されたことや関心をもって始めたことを，他の予定や時間を気にすることなく誰もいなくなっても継続することが多い。

### 急な予定変更や突発的な想定外の場面に出会うと混乱する生徒

事前に何度も計画や手順を教師や友人に尋ね，予定変更や不測の出来事への対処についても確認することで安心して学校生活を送れるようにしている。

### 自分の言いたいことや興味があることを一方的に話す生徒

頭に浮かんだことや興味のあることについ語り続けたり，関心があることを何度でも繰り返し尋ねたりして自分が納得し安心できるようにしている。

### 特別教室への移動が遅く，教室から出て保健室に行くことがある生徒

人と向き合って座るときにどこを見たらよいかがわからず困ることを養護教諭に打ち明け，SCのサポートを得ながら学校生活への適応を高めようとしている。

### 友達とのトラブルや手が出るケンカが多い生徒

皆と同じようにできない劣等感や悔しさ，言葉でうまく伝えられないもどかしさを態度や行動で表現し他者に伝えようとしている。

### 清掃分担には真面目に取り組むが，自分の仕事が終わると帰る生徒

周囲の状況や雰囲気に影響されることなく，他者のすべきことと自分がすべきことを明確に区別して自身の判断基準をもって行動している。

**所構わず大声で話したり，勝手なタイミングで発言したりする生徒**

浮かんだ考えや思いを率直に口に出したり，喜怒哀楽を明瞭に表現したりするなど，場面や相手を問わず正直で裏表のない行動をしている。

**学習・生活に問題はないが，体調不良でしばしば保健室に行く生徒**

集団やグループでの活動が多い中，心身の重圧を厭わず周囲を気遣い調和的に行動することに注力している。

**相手を問わず自分の欲求や考えを主張して通そうとする生徒**

自分の感覚や価値基準を大切にし，周囲に影響されることなく自信をもって自分に正直な言動を貫いている。

**ものごとを悲観的・被害的に捉え他罰的な言動の生徒**

高い目標を掲げ達成までの道のりを見通して不安になったり現実に直面して焦りを感じたりしても，自分が納得できる理由を見つけて自己否定しないようにしている。

**普段は穏やかで無口だが，攻撃的な言動で反発する生徒**

不快なことや意に沿わないことであっても忍耐強く周囲の意に沿うように行動し，自分の限界を超えてでも精一杯のことをして承認を得ようとしている。

**指示がなければ行動を起こさず，常に多数意見に同調している生徒**

自己主張をせず他者の思いや意見を尊重することで場の雰囲気を壊さないよう心掛けている。

**立場が悪くなると人のせいにしたり嘘をついたりしてごまかす生徒**

あるべきこと・すべきことをできない自分への嫌悪や否定を受けとめられず，他者から承認を得られる理由を探して自分を納得させて自己破壊を凌ごうとしている。

**自分の思うようにならないと暴言や破壊行動が見られる生徒**

思うような成果が出ない焦燥感や自己嫌悪を抱え「なりたい自分」と「現実の自分」のギャップに直面し「なりたい自分」に近づくために何とかしようとしている。

**クラスメイトの悪口を皆に言いふらす生徒**

共通の話題になることを見つけて友達と関わるきっかけを作り，人との関わりを増やしていこうとしている。

**登校時の遅刻が多く何度も注意を受けている生徒**

学校は行くべきところ（休むべきではない）という認識と休みたいという本音との葛藤を抱えながら，注意されてでも自らの意思で選んで登校しようとしている。

**頭髪・服装の違反や怠学や非行の傾向が見られる生徒**

視野の広がりや将来の展望と共に自立に向けての不安が高まる中で，自分のできることを確かめ自分らしさを模索しようとしている。

各教科・総合

特別活動

行動

進路指導

資格／事業所

特徴・特技

成長の状況

通信制

# 対人関係に困難がある生徒

Point

人間関係は一者関係（自己意識）から始まります。二者……多者関係へと広がる中での困難が自己否定・他者否定につながらないよう人間関係の発達を支えましょう。

**自分から友達に話しかけたり関わったりせず一人でいることが多い生徒**

他者から否定的評価を受けることに対する不安が高く，孤独感を抱えながらもありのままの自分でいられる時間を確保して心のバランスをとろうとしている。

**自分の道徳性や正義感を抑えて同調し，いじめ被害を避けている生徒**

仲間外れにされるなど他者からの攻撃や孤立を怖れ，葛藤を抱えながらも自分の価値観や本音を横に置いて仲間に同調して身を守ろうとしている。

**成績は良く品行方正だが友人との交流ができず孤立しがちな生徒**

自分の考えや気持ちがうまく伝わらずに誤解されたり嫌われたりすることへの不安から，表面的・事務的なこと以外は話さないようにして関係を保っている。

**小中学校からの友人以外とは話さず，人間関係が広がらない生徒**

多くの人と接する緊張や不安を，心を許せるごく少数の人と関わりによって得られる安心感を糧にして学校生活に馴染んでいこうとしている。

**人に触れられることを嫌い，隣の席を空席にして距離をとる生徒**

感覚が敏感で不安や緊張が高く微細な身体接触にも恐怖を感じるため，他者と共に過ごす場面では自らパーソナルスペースを確保して心の安定を保っている。

**人の声や教室内の雑音に極端で特異な反応を示し他者を驚かせる生徒**

様々な刺激や情報を敏感に感じて混乱し，抱えきれない不安や緊張に耐え精一杯対処しようとしている。

**自分の思う席が空いていないと激昂するなどで周囲に敬遠される生徒**

想定外の出来事や状況が理解できない場面に遭遇して高まる不安や混乱の中で，慣れ親しんだものや安心できる場所や空間を確保して安心を得ようと努めている。

**友達を求めながら多くの人がいる空間を怖がり教室に入れない生徒**

保健室等での少人数の関わりを通して安心感を体験しながら，SCをはじめとする専門家のサポートを得て徐々に多人数と共に過ごす生活に馴染もうとしている。

**教室や食堂ではなく人の少ない場所を選んで一人で食事をとる生徒**

自由に行動してよい空間で誰とどのように関わってよいかがわからない不安や孤独感に直面しながらも，自分なりに学校生活に適応する方法を模索している。

**影響力をもつ友人に媚びたり多数派に同調したりして非難される生徒**

他者から非難されたり疎外されたりすることを怖れ，行動の結果責任を他者に委ねることで無力感や孤独感で自己崩壊することを防ごうとしている。

**本音を言動に表さずに交流し，安心できる関係づくりが困難な生徒**

自分の言動で周囲を不快にしてしまわないように，自分の心の内にあるありのままの欲求や感情を抑えて他者の期待に添い，つながりを維持しようとしている。

**人の話を最後まで聞かず，自分の言いたいことを一方的に話す生徒**

様々な場面で積極的に他者に話しかけ，他者から理解され受け入れられる体験を求めて粘り強く関わり続けている。

**相手を問わず話しかけ，矢継ぎ早に質問をして嫌がられる生徒**

感じたことや質問などを身近にいる人に率直に投げかけて交流の欲求を満たし，学校生活に心の居場所となる関係を見つけようとしている。

**他者の立場や気持ちを理解せず，言いたいことを言って反発を招く生徒**

様々な活動において積極的に他者に働きかけて関係づくりを試み，失敗して傷つきながらも適切な対人距離や自己表現の仕方を模索している。

**初対面に近い関係でも親しく話しかけて相手を驚かせ敬遠される生徒**

一人でも多くの友人を作りたいと積極的に多くの友人に話しかけ，疎外感を軽減しようと努力している。

**時間やルールを守らず，勝手な行動をして交友関係が悪化する生徒**

自分のルーティンを自分のペースで進めることで，他者の行動に合わせて混乱したり迷惑をかけたりすることを防いで集団生活を送っている。

**自ら引き受けたことをやり遂げられず信頼を失い関係が悪化する生徒**

自分の力を超えた高い目標や役割に挑み，他者から承認を得ようと力の限りを尽くそうとしている。

**高圧的な言動で接するため，周囲が関わりを敬遠するようになる生徒**

相手を威圧しコントロールする関わりを通して否定的ながら自己存在を確認し，自信のなさや自己不確実性への直面を避けながら自立への途を模索している。

**親密な友人がコロコロと変わり交友関係が長続きしない生徒**

親密になるほど全面依存して相手が離れていく不安が高まり猜疑的になり，関係が悪化して相手が離れていく前に，自ら離れて傷つかないようにしている。

**SNS などネット上の友人は多いが，学校の友人とは付き合いがない生徒**

全面依存し受容される密着した人間関係を求めるあまり，直接の関係が壊れて孤立することを怖れ，間接的な人間関係の中に心の居場所を求めようとしている。

**極端に親密にしたり敵対したりして周囲の人間関係を混乱させる生徒**

すべてを受容される一体感を求めて人に接近したり，凝集性の高いグループを作って安心感を得たりして，孤立する不安や孤独感に対処しようとしている。

各教科・総合

特別活動

行動

進路指導

資格／事業所

特徴・特技

成長の状況

通信制

# 不登校の生徒

> 「不登校」は目に見える一つの状態像です。背景や言動の影にある思いなど見えないものに心を寄せ，理解しようすることが生徒への支援の第一歩です。

### 学習や生活には目立った問題はないが，遅刻・欠席が多い生徒

学校からの課題には教科を問わず時間を惜しまず納得いくまで取り組み，自分が完璧にできたと思えるよう丁寧に仕上げてから提出しようとする。

### 繊細で友人との関係に不安を訴えて遅刻・欠席が重なる生徒

他者の思いや期待を敏感に感じ取り，周囲の反応に気配りしながら場にふさわしい立ち居振る舞いをするよう努めている。

### 怠学傾向の（に見える）遅刻・欠席が多い生徒

学校外で過ごす時間の中で，様々な人との交流や体験を通して自分の存在価値や自分がしたいことを確かめようと試行錯誤している。

### 家族の世話や家事などの担い手となっているため欠席が多い生徒

自分の学校生活やしたいこととのバランスを大切にしながら，できるだけのことをして家族の生活を助けようと力を尽くしている。

### 多人数が集う場所やグループ活動での不安・緊張から欠席しがちな生徒

後方の出入口に近い席で授業を受けたり行事を見学したりして，できるだけ学校生活に参加しようと努めている。

### 不安定な家族関係や家庭生活が学校生活の維持を困難にしている生徒

家族間の葛藤や家庭が抱えている課題の克服に向けて，ソーシャルサポートを活用して学校生活の維持に向けた方策を模索している。

### 情緒不安定や食欲不振・睡眠異常などの症状が生じている生徒

学習の遅れや進路選択に不安が高まり心身の不調を訴えて通院する中でも，学校からの学習課題には前向きに取り組んで遅れを取り戻そうとしている。

### 人との接触を避けて自室で過ごしている生徒

他者の価値観や期待からの影響を避け，ありたい自分・なりたい自分に近づくために何をどのようにすればよいかを模索している。

### 学校を欠席している間も塾に通い，学習に取り組んでいる生徒

塾での学習によって学力の維持・向上に努めると共に，仲間との交流を心の拠り所としている。

### 面会や電話には応じないが学校からの連絡・文書には目を通す生徒

学校生活から遠ざかっている不安や焦りの中で，学校生活への関心を維持し今後の行動について模索している。

**夜間にランニングや散歩をしたりコンビニに出かけたりする生徒**

他者の評価や指示を避けて自分の意思で行動することを大切にして生活し，自分の
したいこと・できることをして社会とつながる行動をしようとしている。

**オンラインゲームや SNS に没頭し，生活が昼夜逆転している生徒**

趣味や仮想現実世界に没頭することで心理的ストレスに対処して，心の安定を図ろ
うとしている。

**学校の話題に過敏に反応し，家族に対して攻撃的な言動が見られる生徒**

不安や焦燥感を抱えながら，何とかしようと自分なりに精一杯踏ん張って対処しよ
うとしていることを身近な人に伝えようとしている。

**重大な疾患はないが頭痛・腹痛などの症状が続いている生徒**

体調不調が続いていることを通して，自分が直面している課題や様々なストレスに
気付き症状の改善と心身の健康の回復に取り組もうとしている。

**食事も自室で摂り，部屋にこもって過ごしている生徒**

他者から与えられた価値観を見直し，これまでの自分とは異なる新たな自分，独自
の自分を作ろうと模索している。

**欠席の間，地域の児童館や社会体育の活動などに参加している生徒**

学校以外の場所で多様な世代との交流を通して積極的に自己発揮できる場を見つけ
ようとしている。

**自発的に図書館に通って読書や学習をしている生徒**

学校や家庭とは異なる空間の中で，他からの干渉を受けず自己と向き合ったり知的
好奇心を満たしたりする時間を大切にしようとしている。

**登校時は保健室で学習し，訪ねてきた友人と談笑している生徒**

多人数の場所では緊張や不安が高いため，安心できる空間で学習にし，人との交流
をしながら学校生活の継続に向けてできるだけのことをしようとしている。

**近隣の適応教室に通って学習やグループワークに参加している生徒**

学校外での多様な人とのふれあいの中で自己肯定感や自己有用感を得ながら，自ら
の進路や生き方を選択し決定しようとする意欲を高めている。

**養護教諭の勧めでカウンセリングを受け心療内科に通院している生徒**

勇気をもって自分の困り感を他者に伝えて相談したり，専門機関を活用したりする
など，自己変容に向けて前向きに行動している。

**情緒的混乱や自傷行為が見られる生徒**

養護教諭やスクールカウンセラーの勧めで保護者と共に医療機関を受診し，心身の
安定と健康の回復をめざしている。

各教科・総合

特別活動

行動

進路指導

資格／事業所

特徴・特技

**成長の状況**

通信制

# 外国籍の生徒

> 国際化が進む中で多様性を認め合う共生社会の創造が必須です。誰もが自己存在を肯定し誇りと希望をもって生き自己成長を図れるよう支援していきましょう。

### 日本語で学習についていくのに苦労があった生徒

家庭でも地域でもベトナム語が母語であり，苦労をして合格，入学した。高校の学習内容についていく日本語能力を補うために大変な努力をして学習に取り組んだ。

### 北朝鮮籍生徒

朝鮮学校から地域の学校に入学，本名で過ごした。国際情勢の厳しい時期であったが，国籍の問題で他生徒にいじらせるような余地を与えず，一目置かせた。

### アイデンティティが日本にある外国籍生徒

種々の理由で日本国籍を取得していないがアイデンティティを日本にもつ生徒であり，国籍を知られたくない気持ちがあり，いくつかの配慮と見守りを行った。

### アイデンティティが外国にあり日本の学校生活に抵抗がある生徒

日本の生活文化に慣れ親しんでいるが，母国への愛着や敬意は依然強い。葛藤を抱える中でも教師・友人と親交を深め勉学に励んで学校生活への適応に努めている。

### 外見で外国籍と判断されることを嫌がり一人でいることが多い生徒

外国人に対する偏見で傷つきたくないと思う一方，信頼関係を築きたいという思いも強く，グループ学習や清掃の際に自ら級友に話しかける姿も増えてきている。

### 進路希望調査の提出が遅れたり進路行事を欠席したりする生徒

職業選択の際に国籍がマイナス要因になるのではとの不安を募らせつつも，外国籍の生徒の進路実績などの情報に触れ，将来を展望する姿勢に変化しつつある。

### 政情不安により父の母国を一家で離れ母の母国日本で暮らす生徒

大勢の前では外交や国際情勢については口を閉ざすが，信頼のおける友人や教師との積極的な意見交換を拠り所としてアイデンティティの混乱に対処している。

### 異なる外国籍の両親の下日本で生まれ公教育を受けて育った生徒

日本国籍の取得を希望し両親もそれを承諾している。当然のこととして価値観を超えて他者を理解して尊重し，多様な個性のメンバーを結びつける要になっている。

### 難民認定を受けて日本に来た両親の下定住施設で生まれ育った生徒

両親の母国愛を受け継いで自身のルーツに誇りをもっている。生まれ育ち，温かい人間関係に支えられた日本で教職に就くことを目標として勉学に励んでいる。

### 国交のない国の国籍をもつ両親と日本に帰化した兄弟姉妹をもつ生徒

兄弟も自身も国籍を理由に地域や学校で疎外感を有した経験をもつ。深い傷つきと人を信じる難しさの体験を真の信頼関係を築く力にして人間性を磨いている。

# 通信制

Point

> 通信制高校では，生徒と毎日顔を合わせるわけではありませんが，スクーリングや行事等の限られた機会に，可能な限り生徒理解に努めることが大切です。

**基本的生活習慣を確立することができた生徒（生活態度・健康管理）**

入学当初は基本的生活習慣が身についていなかったが，睡眠をきちんととれるようになったため，体調が改善し，スクーリングにもきちんと参加できるようになった。

**健康管理ができ，スクーリング等に安定して出席できている生徒（生活態度・健康管理）**

常に健康に注意し，健康維持に努めているため，安定した学校生活を送っており，スクーリングや行事等は欠席したことがない。

**自立心が大きく，自らの意思を貫く生徒（自主・自律）**

明確な自分の意思をもちながら将来を考え，保護者や教師に頼ることなく，大学進学という目標に向かって地道に努力している。

**将来の目標をもてずに苦しんでいる生徒（自主・自律）**

なりたい自分像をもてずに悩んでいるが，自分自身でもまだ見えてきていない能力の可能性を模索しながらも前に進むことができている。

**レポート等の提出の期限等をきちんと守れる生徒（責任感）**

約束したことはきちんと守り，レポート等の提出の期限に遅れたことはないため，教員からの信頼が非常に厚い。

**行事等で任されたことはきちんとできる生徒（責任感）**

責任感が強い生徒であり，行事等では苦手なことに対しても教員と連絡をとり合いながら，粘り強く対応し，最後まで自分の責務を果たすことができた。

**スクーリングを楽しみにしている生徒（明朗・快活）**

スクーリングを楽しみにしている生徒である。その中で様々なバックグラウンドの生徒と明るく接することで多様なコミュニケーション力を身につけた。

**スクーリングに参加できているが，明るさが見えない生徒（明朗・快活）**

集団の中で学ぶことは得意ではなく，周囲との関係づくりに苦労しているが，その克服のために努めてスクーリングに参加することができていた。

**真面目にマイペースで学校生活を送っている生徒（真面目・誠実）**

極めて品行方正な自分のペースを崩すことなく，スクーリングでも学校生活の様々な場面で真面目に努力する姿勢が見られた。

**要領はよくないが，こつこつと努力している生徒（真面目・誠実）**

真面目で誠実な人柄の生徒である。自分なりに学びに向き合い，こつこつと努力し，なかなか成果が表れなくても，決してあきらめることはなかった。

# 通信制

**一人でもブレずに行動できる生徒（意志の強さ）**

群れずに一人で行動できる強さをもっている生徒であり，どのような心の誘惑でも決して周囲に流されることはない。

**おとなしいがこだわりがあり，融通が利かない生徒（意志の強さ）**

見かけはとても柔和に見えるが，その内面では意思決定でも決して他者に頼らず，決めたことは最後までやりとげる意思の強さをもっている。

**自分の意思が強すぎるがゆえに，周囲と衝突する生徒（意志の強さ）**

周囲の意見に耳を傾けつつも，信念に沿った自分の意見を理解してもらうため，他者との軋轢があったとしても，様々に努力をし続けることができていた。

**目立たないが，周囲に気配りができる生徒（思いやり・優しさ）**

おとなしく目立たないが，思いやりがある生徒であり，常に周囲に気を配ることができ，他者の小さな気遣いにも気が付くなど，人の心に寄り添える。

**できるだけ周囲に迷惑をかけないよう配慮ができる生徒（思いやり・優しさ）**

自己主張が強い生徒であるが，スクーリングの時など，集団の中で学んでいる際には，決して周囲に迷惑をかけないよう，言葉や，行為に配慮できる。

**内気でおとなしく，発言が苦手な生徒（温厚・温和）**

温厚かつ柔和な性格で，常に控え目な生徒である。自ら積極的に発信することはないが，他者からの意見には柔軟に受け止める強い意志をもっている。

**常に穏やかに学校生活を送ることができている生徒（温厚・温和）**

温厚な性格で，感情の起伏が極めて少ない生徒である。スクーリングではその安定感が周囲に安心感を与えている。

**課題の取組が熱心な生徒（勤勉・努力）**

主体的に与えられた課題に真摯に取り組むことで，学力の定着だけでなく，新たな自己課題を作りだすなど，自らの学びを深めることができた。

**課題の取組にやや問題がある生徒（勤勉・努力）**

与えられた課題をこなすことに苦労していたが，努力の方法を多様に試しつつ，自らのできる範囲の中で，精一杯取り組んだ。

**教員の助言を素直に受け入れ，学びを深めることができた生徒（勤勉・努力）**

与えられた課題をこなすだけではなく，スクーリング等の際の教員の助言を参考にして，学習改善を重ねることで，生活での学びを深めることができた。

**生徒会活動等で周囲と協調しながら，活動できる生徒（協調性・協力）**

生徒会で役員を務め，周囲の生徒たちと健全な人間関係を構築しつつ，協働することでその活動を有意義なものにすることができた。

### スクーリングに積極的に参加している生徒（積極性）

スクーリングに自己目標を設定して参加し，そのたびに自らの学びで足りなかった面を振り返り，次の学びにつなげることができた。

### スクーリングを休みがちな生徒（積極性）

気持ちが自分の外側に向かずスクーリングも内向的であったが，決められた課題を確実にこなすことで自らの学びに真摯であることのメッセージを伝えようとした。

### 行事等で企画が得意な生徒（創意工夫）

企画力をもっている生徒であり，行事等で企画を担当した際には，自由でユニークな発想から，興味深い意見を述べ，他の生徒の気持ちを高揚させた。

### 様々な工夫を凝らして，自ら学習改善ができる生徒（創意工夫）

常にどうすれば効率的に学べるかを模索しており，その結果として学習改善を進めることができ，学力も向上させることができた。

### 勤労することで自己有用感を育むことができた生徒（勤労・奉仕）

普段は学業の傍ら，アルバイトに勤しんでおり，勤労することで，自身が求められる存在であることを繰り返し実感し，自己有用感を高めることができた。

### 普段からボランティア活動等に積極的に参加している生徒（勤労・奉仕）

他人のために奉仕しようという気持ちが強く，普段からボランティア活動等に積極的に参加している。それが自己有用感を高めることにつながっている。

### 正義感の強い生徒（正義感）

正義感が大変強い生徒である。スクーリング時に同じクラスの中できちんと学習できていない生徒がいると声をかけて支えることができる面をもっている。

### 生徒会（部活動）で中心となる生徒（指導力）

生徒会（部活動）で役員（部長）を務め，日々の生活の中や学校行事などで，活動の中心となって活躍した。

### 周囲から人望の厚い生徒（人望）

自分のことよりも，周囲のことや，他の人の喜びを優先する生き方が，多くの人から信頼されており，人望も厚い。

### 多くの検定を取得することに挑戦した生徒（取得資格）

入学以来，多くの検定取得に意欲をもち，多くの先生方に質問をしながら，複数の検定を取得することができた。

### 検定を取得することで学ぶ喜びを得た生徒（取得資格）

学習のきっかけをつかめずにいたが，検定受検をきっかけにして，学ぶ楽しさに気付き，さらに合格することで成功体験を得ることができた。

# 用語集の活用にあたって

## 1. 基本となる視点

　平成29年度に告示された新指導要領では，育成すべき資質・能力として三つの柱をあげています（図1）。「知識及び技能」は，認知的側面の力で「見える力」で共通の尺度をもって客観的に評価できそうです。「思考力，判断力，表現力等」は知識及び技能に比べると「見えにくい力」ですが，認知的な外面的要素ですので一定の客観性をもって捉えられそうです。ただ，残りの一つ「どのように社会・世界と関わり，よりよい人生を送るか：学びに向かう力，人間性等」は，内面的な，非認知的で多様な要素が含まれています。内にあって外から直接「見えない」わけですから，的確に把握することはとても難しいように思います。しかし，見えないものは，見ようとしなければますます見えないままになってしまうことでしょう。ですので，その見えない力は，外に現れていることを手がかりに，見る人の目や反応を通して理解するしかない力とでも言えるでしょうか。

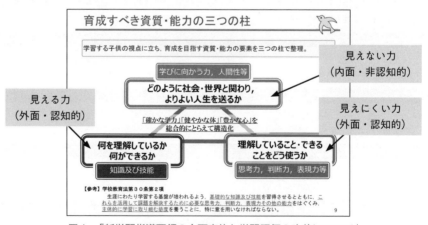

図1　「新学習指導要領の全面実施と学習評価の改善について」
（令和2年10月，文部科学省）に一部追加（2022）

そもそも見る（観る）側の主観によって見え方・捉え方が異なりますし，評価がなじみにくいものなのは明らかですよね。しかも，教師も人間ですから，それぞれに独自の価値観・信念・思考・心情をもっています。でも，だからこそ自身の予断や偏見が生徒の成長可能性を阻害しないよう意識することが大切なのではと思います。教師の多面的で肯定的な人間理解のまなざしは，生徒が「ありのままの自分」を受け止め，「なりたい自分」「ありたい自分」を主体的に見つけだし「自分らしく」生きる力を身につけていく道を照らす光，御守りのようなものかもしれないと思えてきます。

## 2. 高校生の発達と課題

　繰り返しになりますが，内面的な要素を見ようとするとき，見る側（教師）の主観や予断・偏見による理解の歪みが生じやすくなります。このリスクを減らし客観性を担保する方法の一つに，発達心理学等などの広く共有されている学説・諸理論に依拠することがあげられると思います。ここでは，その一例として，人間の生涯全体を展望したエリクソンE. H（1950）の発達論を基に思春期・青年期の発達について理解を共有できればと思います。
　エリクソンの理論の特徴は，発達はただ前向きな変化だけでなく，退行的・病理的方向に向かう側面（危機）が対となっていることです（図2）。

| | 1 | 2 | 3 | 4 | 5 | 6 | 7 | 8 |
|---|---|---|---|---|---|---|---|---|
| 円熟期 | | | | | | | | インテグリティ対絶望と嫌悪 |
| 成人期 | | | | | | | ジェネラティヴィティ対停滞 | 7-8 |
| 若年成人期 | | | | | | 親密対孤立 | | 6-8 |
| 思春期と青年期 | | | | | アイデンティティ対アイデンティティ拡散 | | | 5-8 |
| 潜在機 | | | | 勤勉対劣等感 | | | | 4-8 |
| 移動―肛門期 | | | 自主性対罪の意識 | | | | | 3-8 |
| 筋肉―肛門期 | | 自立対恥と疑惑 | | | | | | 2-8 |
| 口唇感覚期 | 基本的信頼対基本的不信 | 1-3 | 1-4 | 1-5 | 1-6 | 1-7 | 1-8 | |
| | 1（乳児期） | 2（幼児期） | 3 | 4（児童期） | 5（青年期） | 6（若年成人期） | 7（成人期） | 8（老年期） |

図2　心理社会的漸成発達の図式（E. H. Erikson, 1950）

この図からは，生涯における8つの各ライフステージに出会う危機があって，発達は一足飛びではなく，段階を経て少しずつ進むというイメージが伝わってきます。また，発達には，危機と出会う体験や危機を乗り越える取組（それに伴う失敗・葛藤・傷つき等のネガティブな方向の体験）が不可欠だということもよくわかりますね。ネガティブな方向の体験がポジティブな変化の種になると捉えるのを楽観的過ぎとも言えないようです。

　さて，思春期・青年期の課題は「アイデンティティ（自我同一性）の獲得」で，対となる危機は「アイデンティティ（自我同一性）の拡散」です。

　児童期までは親や教師などの考えや行動に従って受け入れ，期待に添った行動をしようとしていた子どもが，他者の影響から少しずつ離れ，自分の力で考え・判断し・行動して試行錯誤しながら「自分らしさ」を作っていこうとする時期です。

　高校時代は，「自分づくり」が思うように進まず，不安や混乱が高まるのは至極当然の時期と言えるでしょう。成長・発達に向けて主体的に取り組む意欲を支えるためには，不安・葛藤・混乱・悩みは成長・発達の証と捉え，試行錯誤の失敗を温かく見守る寛容なまなざしが必要だと思います。

　アイデンティティ拡散による混乱が高じている生徒の中には，下の枠内にあるような状態が見られる場合があると言われています。

---

**○人との距離が不適切**

　・人間関係を築こうとしない…距離をとる・孤立する，表面的な関係しかもてない

　・良くないと自覚している人間関係を断てない…相手を拒否できない

**○本来取り組むべき課題に取り組めない（集中できない）**

　・自分の能力に自信がない…尻込みする，課題に取り組まない，

　・不安が高い…別の何かに熱狂しのめり込む（没入する）

**○将来展望がない（もてない）**

　・無力感，絶望感を抱く，無価値感をもつ…してきたこと，している

---

こと，しようとしていることが自分事ではない

〇大人（家族・教師）が価値を置くことに反発する・軽蔑する

　・社会から求められる役割を拒否する…反社会的・危険性の高いこと
　　に惹かれる・接近する，同一化する　など

　こうしてみると，周り（家族・教師など）を困らせるこれらの状態・行動
も，本人が困っていることを示すサイン（SOS）に見えてきますね。

　また，これらのサインが表面化してからではなく，サインがないこともサ
インだと捉えることも大切なのでは？と思うことがよくあります。内面のサ
インが外から見えるようになってからでは遅いのかもしれません。

　余り良い例ではありませんが，泳ぎを覚えかけの子どもが一人で泳ぎだし
たものの，溺れかけて手足をバタバタさせ浮き沈みしている場面を想像して
みてください。自分で何とかしようとして何ともならないでいる様子を見て，
「なんでちゃんと泳げないんだ」とか「教えた通りにしないからそうなるん
だ」「（溺れそうになるのは）言ったとおりにしない子どもがいけないんだ・
力がないんだ」「誰が泳ぎ方を教えたんだ」と責めたり，「自分がしたことは
自分の責任で何とかしろ」と見捨てたりする人は一人もいないでしょう。

　「泳げるようになりたい」という意欲や「一人で泳いでみよう」と挑戦す
る勇気を認め，怖かった体験を通して子ども自身がどうすればよかったか，
次の挑戦に向けてどうすればよいかを考えられるように手助けすることが大
切なのではないでしょうか。

　成長・発達の手がかりやトラブルが起こった時の原因の発見から指導・支
援につないでいけるように，「自分には見えないこと」や「無意識に見よう
としていないかもしれないこと」を，多くの仲間の目を使って集めることも，
生徒理解では大切な力ではないでしょうか。

　理解の対象となる人物（生徒）や事実（事象・行動・状態等）は一人一つ
でも，それを見る（観る）人がたくさんいますから，どのように理解し捉え
るかが一致するわけはないでしょう。一致しないからこそ，多面的な理解や

捉え方が可能になるとも言えそうです。

　日頃から，生徒の様々な姿に触れ，生徒に関わるできるだけ多くの教職員（できれば，価値観や性格が異なる相手）と情報交換し，他者の生徒理解や物事の見方・考え方に出会う機会をもつことで，眼から鱗が落ちることがよくあります（自分の視野の狭さや不勉強に赤面することもしばしばですが）。

　教師もまた一人の人間として発達（時間的に変化）していきますから，失敗したり壁にぶつかったりしながら自身の特徴や課題に気付くのではないでしょうか。余談ですが，失敗や間違の多い私は，そのたびに認識を新たにしてアップデートしていくしかないと考えて，危機を凌いでいます。

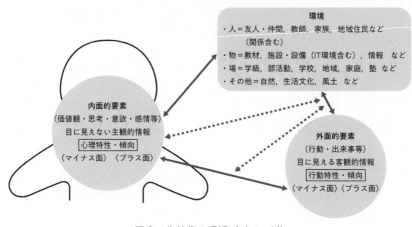

図3　生徒像の理解（イメージ）

## 3. 行動・性格の特性に関する理解

　ここでは，「自分らしさ」の確立とも言える「アイデンティティ（自我同一性）の獲得」に取り組む高校生の「自我」に着目したいと思います。

　果たして私たちは「自分らしさとは，○○○○です」とすぐに答えられるでしょうか？　人は，自分の目で直接確認できる範囲は一部分で，全体を見ようとすると鏡やカメラなどに映してみるしかありません。性格や行動につ

いても，他者との関わりを通して自分がどのような人間なのかを理解していくしかないでしょう。

　そこで，教育・福祉・医療・産業など多様な分野で広く活用されている心理測定尺度の一つ，交流分析理論に基づく「エゴグラム」と，その基本にあるの考え方を基にして，行動・性格特性の理解の手がかりを一つ紹介したいと思います。「心理，測定，尺度？」というと何だか難しげ・怪しげに感じられることでしょう。嫌悪感や抵抗をもつ方も少なくないかもしれません。まずは，安心して読み進めていただけるよう，多くの理論がある中「エゴグラム」を取り上げる理由をお伝えしたいと思います。

　まず，第一は，自立性を高め，主体的に他者と良い人間関係を築けるようにするという目的が，「どのように社会・世界と関わり，より良い人生を送るか」という命題に直結するからです。

　また，ありのままの自分を客観的に見て認め，他者からのコントロールでなく，自分の感情・思考・行動に責任をもって未来や自分を自分で変えていくという考え方も，思春期・青年期の課題「自分らしさ」を確立する基本になるものだからとも言えるでしょう。

　第二は，第一の理論に基づいて作られた「エゴグラム」は，生徒自身にもわかりやすく安全性・信頼性が高いからです。「エゴグラム」は，パーソナリティの良し悪し・スキルや何らかの能力・ストレス度・心の健康を測るものではありません。自分の性格特性や行動パターンの特徴や人間関係で起きやすい交流を理解し，自己成長（よりよく変化）する手がかりになるものなのです。

　第三は，教師が，生徒の行動や性格特性の特徴を客観的に捉え，本人も気付いていないようなそれぞれの良さや強みを見つけ，主体的な自己成長の営みを支え指導や援助に生かす手がかりにできそうだからです。

　では，具体的な内容についてほんの少しお伝えします。

　図4では，人は誰でも（大人も子どもも）5つの自我状態（「親の自分（CP：Critical Parent，NP：Nurturing Parent）」「大人の自分（A：Adult）」，「子供の自分（FC：Free Child，AC：Adapted Child）」）があり，

それぞれが独自の特徴をもっていて（図4），どれが（どうであれば）良くてどれが悪いというものではありません。それぞれの状態（高低・バランス）は，見方によって長所にも短所にも捉えられもするという考え方です。「エゴグラム」はその5つの自我状態（CP・NP・A・FC・AC）のエネルギー量とバランスを，目で見えるカタチ（数値・グラフ）で表したものです。

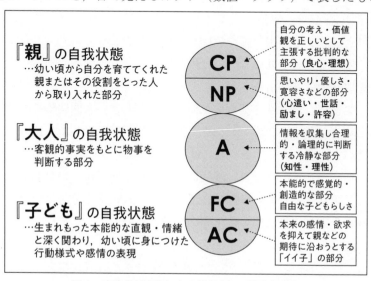

図4　交流分析理論による"自我"の構造と機能

柴﨑武宏　2004『教師のためのカウンセリング技法自分が変わる・生徒が変わる交流分析』学事出版
東京大学医学部心療内科TEG研究会　2019『新版TEG3』金子書房
中村延江・田副真美・片岡ちなつ　2013　『初学者のための　交流分析の基礎』金子書房　の内容を基に三木が作成（2022）

　一つの特徴が長所となるか短所となるかは，見る人の見方によっていずれにもなり得ると考えれば，短所に見える特徴は長所としても生かせる可能性があるということですから，サポートする側にも明るい見通しが生まれ，希望が湧くでしょう。何より，生徒が主体的に，よりよく自分を変えたい思いに添って希望が膨らむようにサポートするにはうってつけではないでしょうか。

追記：エリクソンの発達理論や交流分析理論以外に有益な理論は多くあります。特定の理論の有効性を強調したいのではないことを申し添えます。

## 【行動・性格特性別】

# マイナス ▶ プラス 言い換え用語集

ここからは，指導要録を執筆する時に，一見，生き方としてマイナスな行為だと認識された行為も，「異なる視点で見たり，違った視座から見たりすれば，こんな風にプラスな行為に見えますよ」という用語の変換の例を紹介します。

先生方の大切な生徒の皆さんです。できるだけ，プラス，プラスで見つめてください。

## 1. 自己表現・自発的な言動が少ない

| マイナスに捉える ▶ | プラスに捉える | |
|---|---|---|
| ・おとなしい<br>・消極的<br>・引っ込み思案<br>・遠慮がち | ・落ち着いた<br>・謙虚<br>・純朴<br>・思慮深い<br>・控えめな<br>・細かい気遣いをする | ・内省的<br>・消極的<br>・堅実<br>・慎重な<br>・場をわきまえる<br>・人の気持ちを考える |

## 2. 依存的・自分の考えや意見がない（ように見える）

| マイナスに捉える ▶ | プラスに捉える | |
|---|---|---|
| ・人に流されやすい<br>・人の影響を受けやすい<br>・人の言いなりになる<br>・甘える<br>・無責任な | ・順応性が高い<br>・協調性がある<br>・人の考えを尊重する<br>・素直<br>・人の気持ちを慮る<br>・流れに逆らわない<br>・物事にこだわらない | ・場に合わせる<br>・人の意見を聞く<br>・人を立てる<br>・ものわかりがよい<br>・周囲に気を配る<br>・柔軟性がある |

## 3. 自己表出することが少ない・地味で目立たない

| マイナスに捉える | プラスに捉える |
| --- | --- |
| ・優柔不断<br>・物怖じする<br>・引っ込み思案 | ・思慮深い　　・慎重<br>・綿密に　　　・着実<br>・用心深い　　・危険を冒さない　　・繊細<br>・でしゃばらない　・控えめ　・落ち着きがある |

## 4. 誰にでも親和的で面倒見がよく社交的・交友関係が広い

| マイナスに捉える | プラスに捉える |
| --- | --- |
| ・八方美人<br>・お人好し<br>・おせっかい | ・誰に対しても寛容　・気さくで人当たりがよい<br>・周囲に心配りをする　・優しく人に接する<br>・気が利く　　・こまめ　　・面倒見がよい<br>・周囲を惹きつける人柄　　・人情味がある |

## 5. 相手や場面を問わず自分の思うことを言い思うように行動する

| マイナスに捉える | プラスに捉える |
| --- | --- |
| ・自信過剰<br>・自意識過剰<br>・目立ちたがり | ・物怖じしない　　　　・自己主張が明確<br>・自分の力を信じている　・自立している<br>・自己表現が豊か　・存在感がある　・主体的 |

## 6. 規律正しい，約束を厳守する，道徳的・模範的に行動する

| マイナスに捉える | プラスに捉える |
| --- | --- |
| ・支配的　　・権威的<br>・排他的<br>・堅苦しい<br>・形式的 | ・リーダーシップがある　・統率力がある<br>・正義感がある　・几帳面<br>・礼儀正しい　・秩序を守る　・一貫性がある<br>・意志が強い　・責任感がある |

## 7. 様々な場面で率先して自分の価値観に従って発言・行動する

### マイナスに捉える

- 人の話を聞かない
- 独りよがり
- 強引な
- 自己中心的
- 図々しい
- おこがましい

### プラスに捉える

- 押しが強い
- 指導性がある
- まとめる
- 行動力がある
- 頼りがいがある
- 積極的
- エネルギッシュ
- 決断力がある
- 世話好き
- 堂々とした

## 8. 自分の気がすむまでやり遂げようとする

### マイナスに捉える

- こだわりが強い
- 完璧主義
- 凝り性
- 頑固

### プラスに捉える

- 根気がある
- 手を抜かない
- 集中力がある
- 徹底的にやり抜く
- 納得いくまで全力を尽くす
- 限界に挑む
- 責任感がある
- 意志が強い
- 粘り強い
- 目標をもって取り組む
- 忍耐強い

## 9. 活発に行動し自発的に自己表現する

### マイナスに捉える

- 騒々しい
- うるさい
- おしゃべり
- 軽率
- 落ち着きがない

### プラスに捉える

- 活発
- 活気がある
- 発想が豊か
- ハキハキしている
- 積極的
- フットワークが軽い
- 好奇心旺盛
- 行動的
- 場を盛り上げる
- 天真爛漫
- 社交的
- 活動的
- こまめ

## 10. 喜怒哀楽が明瞭ではっきり意思表示する

**マイナスに捉える**

- ・感情の起伏が激しい
- ・気むら　・気が短い
- ・興奮しやすい

**プラスに捉える**

- ・素直な自己表現　・情熱的　・正義感が強い
- ・感受性が豊か　・決断が早い
- ・情に厚い　・敏感な　・一生懸命

## 11. 誰に対しても何事にも鷹揚で穏やか

**マイナスに捉える**

- ・軽薄
- ・いい加減
- ・ルーズ

**プラスに捉える**

- ・無邪気　・気軽な　・気の置けない
- ・おおらか　・楽天的　・鷹揚な
- ・こだわらない　・寛大

## 12. 情報を収集して事実を確かめる，根拠に基づいて判断・行動する

**マイナスに捉える**

- ・打算的
- ・理屈っぽい
- ・冷たい
- ・人間味に欠ける

**プラスに捉える**

- ・合理的　・能率的　・生産性が高い
- ・論理的　・事実に基づいて公正に判断する
- ・理性的　・冷静　・動揺しない
- ・自己卑下しない

## 13. 明るく元気だが信用がおけない

**マイナスに捉える**

- ・調子がいい
- ・調子にのりやすい
- ・衝動的
- ・気まぐれ
- ・いたずら

**プラスに捉える**

- ・自由闊達な　・天真爛漫　・伸び伸びとした
- ・元気がある　・のりが良い　・ムードメーカー
- ・前向き　・雰囲気を明るくする
- ・意欲的　・立ち直りが早い
- ・好奇心旺盛　・機知に富む　・ユーモアがある

# プラス用語を使用した文例集

　以上のプラスの用語を使用すると，どのような言い回しになるでしょうか。その例をご紹介します。もちろん「お手本」ではありません。先生方はもっと素敵な言葉で，目の前の生徒の皆さんを輝かせてみてください。

## 1. 学習・成績

- ・各教科とも理解力に優れ着実に実力を伸ばしている
- ・地道な学習の積み重ねによって力をつけている
- ・各教科の課題を丁寧に仕上げ期限を守って提出している
- ・苦手科目の○○にも真面目に取り組み徐々に力を伸ばしている
- ・疑問点をそのままにせず積極的に解決できるように努めている
- ・得意科目の○○に熱心に取り組んで力を伸ばしている
- ・集中力があり短時間に効率よく学習している
- ・知的好奇心があり意欲的に学習に取り組んでいる
- ・論理的思考が必要な学習に優れた力を発揮している
- ・安定した成績を維持している
- ・○○系科目を得意とし優秀な成績を維持している
- ・苦手科目の克服に努めてその成果が徐々に成績となって表れている

## 2. 特別活動

- ・行事（○○）において率先して活動しクラスの凝集性を高めた
- ・LHR活動（例：心の健康，選挙権の意義等）の学習を通して自己成長に務めた
- ・○○委員としてクラスの意見を集約・調整し協働体制を築き責任を果たした
- ・生徒会役員に立候補するクラスメイトの応援演説を全力で行い当選に貢献した
- ・○○委員を中心に進めた行事○○で役割を確実に果たし協力体制を支えた

## 3. 課外活動

- ・部活動の練習に熱心に参加し技能を磨いている
- ・部活動において仲間（先輩・後輩）と信頼関係を築き切磋琢磨している

- ・地域の福祉施設を定期的に訪問しで特技のマジックを通して交流を深めている
- ・長期休暇や部活動がない日に母校で部活動の練習を手伝う活動を続けている
- ・災害支援ボランティアを継続し被災地復興を通して社会貢献に努めている

# 4. 進路・キャリア

- ・明確な進路目標に向けて着実に必要な学力・技能を高めている
- ・自己理解に努め自らの適性を確認しながら自らの進む道を真摯に模索している
- ・多様な職場や上級学校の見学・体験に積極的に参加して進路を検討している
- ・進路行事・Web 検索等で得た情報を基に納得いく進路選択をしようとしている
- ・先輩・教師・家族等の体験談を数多く聞き自らの生き方に生かそうしている

# 5. 生活・健康

- ・遅刻，欠席，早退，保健室利用がなく規則正しい生活リズムを維持している
- ・学校内外を問わず主体的に規則・マナーを守って適応的に行動している
- ・生活時間を適切に配分して学校生活に支障が生じないよう努めている
- ・様々なストレスへの適切な対処を工夫している
- ・心身の健康管理に努め安定した学校生活を送っている
- ・新型コロナウイルス感染症等の疾病予防に向けて積極的に取り組んでいる

# 6. 人物・総合所見

- ・自他を大切にするために心を砕きながら日々の充実を大切にしようとしている
- ・苦境にあっても落ち着いて現実を受け止め適応的に対処して切り抜けていく
- ・謙虚に自分を客観視し課題を自覚して改善・克服に向けて真摯に努力している
- ・他者の意見や考えを積極的に聴き自分の成長に生かそうとしている
- ・他者の期待や要求に添えない場合には，丁寧に自己主張して理解を得る努力をする
- ・思い通りにならず気落ちした時も「今」何をすればいいかを考えて行動する
- ・苦手や弱み含めて自分という意識をもち，自他共に肯定的に受けとめようとする
- ・相手を思いやり誠実な自己表現をして意思疎通に努め信頼関係を築いている
- ・困り事や悩みを一人で抱え込むことなく，必要な援助を求め解決しようとしている
- ・職業生活や生き方の充実に向けて学習をはじめすべての体験を大切にしている

**【執筆者一覧】**

| | | |
|---|---|---|
| 清田　哲男 | 岡山大学学術研究院教育学域　教授 |
| 安達　一紀 | 兵庫県高等学校学習指導要録研究会 |
| 岡田　明美 | 兵庫県立姫路東高等学校　教諭 |
| 奥田　健二 | 兵庫県高等学校学習指導要録研究会 |
| 菅生　智文 | 兵庫県立姫路東高等学校　教諭 |
| 松岡　克晋 | 兵庫県高等学校学習指導要録研究会 |
| 三木　澄代 | 関西福祉大学教育学部　教授 |
| 室田　　守 | 兵庫県高等学校学習指導要録研究会 |
| 若畑　将彦 | 兵庫県立飾磨工業高等学校　教諭 |

## 【編著者紹介】

清田　哲男（きよた　てつお）

岡山大学学術研究院教育学域　教授

1993年より兵庫県公立中学校・高等学校教諭，2009年より川崎医療福祉大学医療福祉デザイン学科講師，2014年より岡山大学大学院教育研究科講師，准教授を経て現職。

2018年より兵庫教育大学大学院連合学校教育学研究科（博士課程）教授（兼務），2022年より岡山大学大学院教育学研究科附属国際創造性・STEAM教育開発センター（CRE-Lab.）教授（兼務）。専門は美術科教育，デザイン教育，創造性教育。

2008年読売教育賞優秀賞受賞。

〈主な著書〉

『わかる！できる！うれしい！　3STEPで変わる「魔法」の美術授業プラン』（2010年　明治図書出版），『子どもの笑顔をつくるゾ！　みんなで満足「魔法」の絵画授業プラン』（2013年　明治図書出版），『子どもの絵の世界　絵から読み取る発達の道筋とその指導』（2018年　日本文教出版　共著），『子どもが夢を叶える図工室・美術室　創造性が社会と出会う造形教育（ANCS）をめざして』（2018年　あいり出版　共著）他

高等学校　生徒指導要録の書き方&所見文例集
令和4年度版様式対応

2023年1月初版第1刷刊　©編著者　清　田　哲　男

発行者　藤　原　光　政

発行所　明治図書出版株式会社

http://www.meijitosho.co.jp

（企画）木村悠・大江文武（校正）川上萌

〒114-0023　東京都北区滝野川7-46-1

振替00160-5-151318　電話03（5907）6703

ご注文窓口　電話03（5907）6668

＊検印省略

組版所　広研印刷株式会社

本書の無断コピーは，著作権・出版権にふれます。ご注意ください。

Printed in Japan　　　　　ISBN978-4-18-113017-6
もれなくクーポンがもらえる！読者アンケートはこちらから